Aschenputtel (ver)trägt Business
Ein Märchenbuch, um Chancen zu ergreifen!

Hrsg. Peter Buchenau

Lektorat: Henry Putter & Friends
Cover Design: Tuğçe Yalçın; *tugce-yalcin@web.de*
Cover Originalbild: Wolfgang Triepentrog
ISBN: 9798842377299
Veröffentlichung: August 2022, 1. Edition

The Right Way GmbH
CH 8884 Oberterzen

© Das Werk ist einschließlich aller seiner Teile urheberrechtlich geschützt. Jede Verwendung, die nicht ausdrücklich vom Urheberrechtsgesetz zugelassen ist, bedarf der vorherigen Zustimmung des Verlages. Dies gilt insbesondere für Vervielfältigungen, Bearbeitungen, Mikroverfilmungen und die Einspeicherung sowie Verarbeitung in elektronischen Systemen. Ebenso betrifft der Schutz sämtliche Film-, Theater-, Hörbuch- und sonstige Aufführungsrechte, jeglicher Art.

Der Verlag, die Autoren und die Herausgeber gehen davon aus, dass die Angaben und Informationen in diesem Werk zum Zeitpunkt der Veröffentlichung vollständig und korrekt sind. Weder der Verlag noch die Autoren oder die Herausgeber übernehmen, ausdrücklich und implizit, Gewähr für den Inhalt des Werkes, etwaige Fehler oder Äußerungen. Der Verlag bleibt im Hinblick auf geografische Zuordnung und Gebietsbezeichnung in veröffentlichten Karten und Institutionsadressen neutral.

Damit Sie Ihr Märchen schneller finden!

Über den Herausgeber	5
Vorwort Margit Lieverz	7
Begleitwort Charlotte de Brabandt	11
Was uns Märchen für das Geschäftsleben vermitteln können!	
Begleitwort Johanna Wech	19
Max Cooper	23
Rattenfänger Switched	
Ulrich Esenwein	41
Die blonde Prinzessin und ihre drei schönen Söhne	
Mariella Heyd	55
Die (un-)endliche Geschichte unseres Lebens	
Daniela Landgraf	73
Luisa und die sieben Selbstwert-Learnings!	
Margit Lieverz	93
Prinzessin Perlenschön!	
Melanie Macherel	111
Der Schrei des Herzens!	
Marie Matthäus	131
Eine Garantie auf Glück gibt es nicht!	
Julia Pfeiffer	137
Red Hat und die digitalisierte Großmutter	
Yasmin Röckel	147
Höher, schneller, weiter!	
Verena Strass	163
Honigfabrik Goldener Stachel	
Reneé Stulz	177
Das kalte Herz	
Birgit Werner	191
Milo und der Skaldenmet	
Rebecca Wiergowski	203
Sonja und die Gnome	
Comida para Todos	233
Märchen 4 – Ihre Geschichte wartet!	238
Eigene Kommentare, Träume und Wünsche	252

Über den Herausgeber

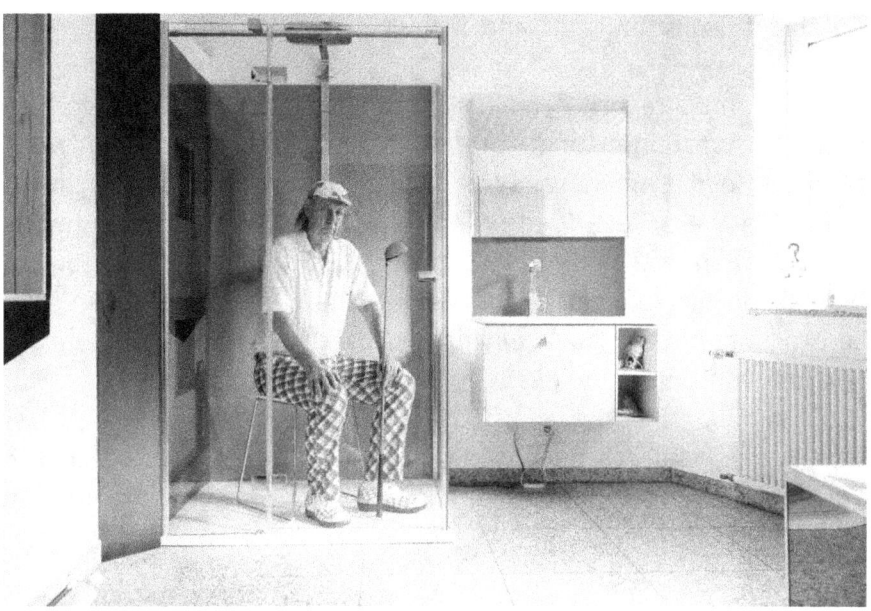

Bild Peter Buchenau (Fotograf: Mario Schmitt)

Peter Buchenau ist Mr. Chefsache am deutschen Buchmarkt. In seiner Chefsache-Buchserie wurden mittlerweile mehr als 45 Werke im Springer Gabler Verlag veröffentlicht. Zudem steht er als Komiker auf deutschen Comedy-Bühnen und hält mehrere Lehraufträge an Hochschulen.

Sein Märchen schrieb Peter Buchenau im ersten Band „Märchen für Macher." Dazu wählte er die Weihnachtsgeschichte von Charles Dickens als Vorlage. Mit dem Protagonisten Ebenezer Scrooge konnte sich Peter Buchenau bestens identifizieren. Lange waren in seiner Karriere Geld, Macht und Anerkennung die bestimmenden Werte, doch richtig glücklich war er in all diesen Funktionen nie.

Wie im Märchen, so auch in seinem realen Leben, bedurfte es einen Schicksalsschlag, damit er das Hamsterrad der Wirtschaft den Rücken kehrte und seinem Herzen folgte. Doch lesen Sie seine Geschichte vollständig in Band 1.

Doch nun möchte sich Peter für die Bereitschaft der nachfolgenden dreizehn Autorinnen und Autoren (Max Cooper, Ulrich Esenwein, Marialla Heyd, Daniela Landgraf, Margit Lieverz, Melanie Macherel, Marie Matthäus, Julia Pfeiffer, Yasmin Röckel, Reneé Stulz, Verena Strass, Johanna Wech, Birgit Werner und Rebecca Wiergowski) bedanken, hier ihr individuelles Märchen den Leserinnen und Lesern mitzuteilen. Auch ein herzliches Dankeschön geht an das Lektorat von Henry und die Cover Gestaltung von Tuğçe.

Und Danke natürlich auch an Sie liebe Leserinnen und Leser. Mit dem Erwerb dieses Buches helfen Sie zudem vielen hungernden Menschen.

Danke dafür.
Ihr Peter Buchenau

Vorwort Margit Lieverz

Bild Margit Lieverz (Fotograf: Sarah Kastner)

Ich liebe Märchen! Schon als Kind konnte ich nicht genug davon bekommen! Und als ich dann irgendwann alle deutschen Märchen gelesen hatte, habe ich mir Bücher mit italienischen und französischen Märchen gekauft. Und so unterschiedlich sie doch oft waren, so hatten sie doch meist eine Gemeinsamkeit: sie waren ziemlich brutal. Das hat mich einerseits fasziniert und andererseits auch manchmal abgeschreckt. Aber in den allermeisten Fällen haben Märchen einen gewissen Zauber. Weil manchmal Wunder geschehen oder Tiere sprechen können. Und oft bieten sie Gelegenheit, etwas daraus zu erkennen und bestenfalls sogar zu lernen. Und glücklicherweise gehen die meisten Märchen gut aus.

Als ich dann vor über 20 Jahren nach meinem Studium nach Hessen gezogen bin, war ich wieder mittendrin im Thema Märchen. Denn in Hanau sind die Gebrüder Grimm groß geworden. Regelmäßig gibt es in der Geburtsstadt der Brüder ein Märchenfestival mit verschiedenen Theaterstücken, die ich mir immer gerne angeschaut habe. Als ich dann neben meinem Beruf als Eventmanagerin wieder mit Ballettunterricht anfing, hat die Ballettschule ebenfalls regelmäßig aufwendige Märchen inszeniert wie beispielsweise „Der gestiefelte Kater" oder „Der Teufel mit den 3 goldenen Haaren" aber auch „Die kleine Meerjungfrau" von Hans-Christian Andersen.

Und so war ich direkt Feuer und Flamme, als mich vor ein paar Monaten Peter Buchenau fragte, ob ich für sein Märchenbuch ein Märchen beisteuern würde. Die Idee war, dass wir unsere Lebensgeschichte anhand eines bereits existierenden Märchens schreiben. Mir war sofort klar: „Aschenputtel" ist meine Geschichte! Natürlich nicht komplett, aber mit überraschend vielen Parallelen. Aus dieser Geschichte habe ich dann sogar eine 5 Minuten-Mini-Keynote entwickelt, die in meinem Youtube-Kanal zu sehen ist. Vielleicht hast du ja das erste Buch bereits gelesen. Dann kennst du auch meine Geschichte. Und wenn nicht, dann hast du jetzt hier in diesem Buch die Möglichkeit, die gekürzte Version zu lesen.

Und ich kann versprechen, auch in diesem Exemplar ist viel Spannendes, Aufregendes und Lehrreiches dabei!

Vielleicht ist dir aufgefallen, dass ich auf diesem wunderbaren Buch, das „Cover-Girl" bin. Das Foto auf dem Cover hatte ich vor einiger Zeit mal wieder auf Social Media gepostet, weil ich es einfach liebe. Es ist in einem Shooting mit der Brautmodendesignerin Semiha Bähr, meiner Friseurin Kornelia Schmitz-Hermann und meiner Fotografin Sarah Kastner entstanden. Als Peter das Foto sah, fragte er mich, ob ich es für das Cover seines zweiten Märchenbuches zur Verfügung stellen würde. Also habe ich direkt ja gesagt! Und alle, die an dem Foto beteiligt waren natürlich auch!

Und wer weiß, vielleicht hast du ja auch das Buch ausgewählt, weil dir als erstes das Bild ins Auge gefallen ist. Dann freuen wir uns natürlich sehr! Und nun ist die Freude ganz auf deiner Seite, denn du darfst umblättern und dich direkt in die phantastische Welt der Märchen vertiefen.

Ich wünsche dir viele spannende, aufregende und erkenntnisreiche Momente, viel Freude und natürlich eine märchenhafte Zeit.

Alles Liebe von Herzen,

Margit Lieverz

Begleitwort Charlotte de Brabandt

Bild: Charlotte de Brabandt (Fotograf: Laurent de Brabandt)

Charlotte de Brabandt ist Moderatorin und Expertin im Bereich Technologie und Verhandlung. Sie bringt globale Industrieerfahrung in den Bereichen Automobil, Uhren, IT/Software sowie Pharma und Konsumgüter mit. Bekannt wurde sie durch zahlreiche Auftritte in der Buyer Community. Ihre Vorträge und Workshops setzen wertvolle Impulse, um das eigene Leben zu verändern und in die gewünschte Richtung zu lenken. Schließlich haben wir nur das eine Leben und wir sollten es nutzen, um unsere Ziele zu realisieren. Denn nichts ist schmerzlicher als der Blick zurück auf ungenutzte Möglichkeiten.

Weitere Informationen auf: *https://charlottedebrabandt.com*

Was uns Märchen für das Geschäftsleben vermitteln können!

Manche sagen ja, das Leben sei ein Ponyhof, aber um genau zu sein, ist es vor allem ein Märchen. Denn wenn wir das Abenteuer von Hänsel und Gretel, das Auf und Ab von Schneewittchen und die Hinterhältigkeit der Stiefmutter bei Aschenputtel nehmen, ja, da sind wir mittendrin im ganz normalen Alltag der Firmeninhaber, Geschäftsführer und Vorstände dieser Welt.

Aber bleiben wir doch gerade einmal bei den klassischen Märchen und bei Aschenputtel. Kurz zur Erinnerung hier noch einmal der Inhalt.

Kurz bevor die Frau eines sehr reichen Mannes stirbt, sagt sie zu ihrer Tochter, sie solle doch an ihrem Grab ein Bäumchen pflanzen.

Und immer, wenn sie sich etwas wünscht, kann sie daran rütteln und ihr Wunsch würde erfüllt werden. Der reiche Mann heiratet wieder und diese Frau hat auch zwei Töchter. Alle drei, die Frau und ihre Töchter, haben es auf die Tochter des Mannes abgesehen, und die muss ab sofort die dreckige Arbeit im Haus machen, neben dem Herd schlafen und heißt deshalb Aschenputtel. Und jetzt kommt die Hinterhältigkeit.

Denn der König, der sein Schloss ganz in der Nähe hat, gibt einen Ball, der über drei Tage geht. Die Stiefmutter und die Stiefschwestern geben Aschenputtel eine Schüssel mit Linsen, die sie auslesen soll, wohl wissend, dass Aschenputtel das nicht schaffen kann bis zum Abend. Aber da kommen zwei Tauben angeflogen, die ihr dabei helfen und da fällt auch der Spruch „Die Guten ins Töpfchen, die Schlechten ins Kröpfchen". Jetzt kann Aschenputtel zumindest vom Taubenschlag aus den Prinzen sehen, wie er mit ihren Stiefschwestern tanzt.

Als diese davon erfahren, geben sie ihr für den nächsten Tag wieder eine Aufgabe, wieder kommen die Tauben, helfen ihr und geben ihr den Tipp, sie solle doch zu dem Bäumchen gehen und sich Kleider wünschen.

Aschenputtel geht zum Baum und schüttelt ihn, und daher kommt der Spruch „Bäumlein, rüttel dich und schüttel dich und wirf schöne Kleider ab für mich". Und prompt steht dann auch gleich noch ein wunderschöner Wagen mit sehr stolzen Rappen da und bringt sie zum Schloss. Ja, wenn´s läuft, dann läuft´s. Ist ja auch im richtigen Leben so.

Sie kommt also am Schloss an, entzückt den Prinzen und verstört ihre Stiefschwestern. Die erkennen sie zwar nicht, sind aber stinksauer, weil jemand schöner ist als sie. Der Abend vergeht wie im Flug und Aschenputtel muss blitzartig weg, weil sie die Kleider pünktlich um Mitternacht wieder abgeben muss. Warum sie sie abgeben muss, geht aus dem Märchen nicht hervor, aber der Verleiher will wahrscheinlich auch Feierabend.

Und jetzt kommt es zum Showdown. Am dritten Tag bekommt Aschenputtel wieder eine Aufgabe von ihren sehr schlecht gelaunten Stiefschwestern, wieder helfen ihr die Tauben und wieder schüttelt sie sich ein Kleid herunter. Und das ist noch viel schöner als das von gestern.

Der Prinz ist aber clever und damit sie diesmal nicht noch einmal so einfach davonrennen kann, hat er die Treppe zum Schloss mit Pech eingestrichen. Aschenputtel rennt, aber ein Schuh bleibt auf der Treppe kleben. Jetzt weiß der Prinz: Diejenige, der der Schuh passt, ist die Frau seines Lebens. Er macht sich auf die Suche und im Haus des reichen Mannes trifft er auf die Stiefschwestern. Die eine schneidet sich die Ferse, die andere den großen Zeh ab, damit der Schuh passt. Der Prinz kriegt aber einen Hinweis von den Tauben mit dem Spruch „Rucke die guh, rucke die guh, Blut ist im Schuh. Der Schuh ist zu klein, die rechte Braut sitzt noch daheim". Das Finale kommt und der Prinz kriegt seine wunderschöne Aschenputtel. Stiefmama und Stiefschwestern sind richtig sauer und wenn sie nicht gestorben sind...

Das Märchen - Sarah

Aus nahezu jedem Märchen können wir ableiten: Alles wird gut! Manchmal sieht es anfangs und auch zwischendrin nicht danach aus, die Hürden sind hoch, die Berge steil und dann sind da noch die Stiefmütter und Stiefschwestern, die konsequent damit beschäftigt sind, Steine in den Weg zu legen.

Aber Hand aufs Herz: Haben wir nicht alle schon die Erfahrung gemacht, dass letztendlich unser eigenes Märchen oder das eines guten Freundes ein gutes Ende nahm? Oder dass sich zumindest immer eine Tür geöffnet hat?

Nehmen wir einmal die Sarah. Etwaige Ähnlichkeiten mit lebenden Personen sind rein zufällig.

Sarah hat ein klasse Abitur hingelegt und mit ihrem Einser-Durchschnitt kriegt sie den Platz für das Duale Studium zur Wirtschaftsinformatikerin bei der Hans Müller AG (wenn es die gibt, ist das auch Zufall). Für Sarah ist das der Jackpot. Denn bei der Firma kann sie Karriere machen und wenn sie gut ist, will sie die Leitung der Auslandsvertretung in Brasilien übernehmen. Ach ja, Rio de Janeiro, Copacabana, Zuckerhut und so, davon träumt sie schon lange.

Aber, wenn da nur nicht dieses „Aber" wäre in Form von Kommilitone Lars-Benjamin. Der ist auch bei der Firma, ein Jahr über Sarah und hat ähnliche Ambitionen. Und an dieser Stelle wird er jetzt zur Stiefschwester. Wie wird es wohl ausgehen mit den Zankereien zwischen den Beiden? Und welche Schwierigkeiten erwarten Sarah noch? Denn sie steht ganz am Anfang und es gibt noch viele Stiefmütter und -schwestern, böse Wölfe und schlimme Hexen auf ihrem Weg.

Macher machen Märchen

Damit sind wir wieder zurück bei den Märchen. Aschenputtel kriegt den Prinzen, Schneewittchen den Königssohn, Hänsel und Gretel finden den Weg zurück zum Vater und Sarah wird am Ende ihr ganz persönliches Märchen erleben.

Dabei sind alle Namen und Szenarien austauschbar und übertragbar auf jegliche Lebensmodelle von Machern in Wirtschaft und Industrie.

Es beginnt mit schönen und erstrebenswerten Zielen und Aufgaben, die immer ganz individuell sind. So schön und erstrebenswert, dass es sich lohnt, dafür zu kämpfen und einzustehen.

Aber dann taucht wie aus dem Nichts so ein Lars-Benjamin auf und ärgert einen, eventuell auf eine solch hinterhältige Art, mit der man selbst nie gerechnet hätte. Man denkt darüber nach, ist vielleicht verzweifelt, in jedem Fall aber traurig und sieht seinen Traum platzen. Die Sonnenstrahlen des persönlichen Glücks werden überdeckt vom Unwetter, das in Form der Gegner und Neider aufzieht.

Doch dann taucht er auf, der schöne Königssohn auf seinem weißen Schimmel, der Abteilungsleiter, der von einem überzeugt ist oder der Geschäftsführer, der das schräge Spiel von Lars-Benjamin durchschaut.

Das Blatt wendet sich und vielleicht muss man nochmal eine Hürde überwinden, die wieder, wie so vieles im Leben, ohne Ankündigung auftaucht. Das ist im echten Leben ein bisschen anders als im Märchen, die Funktionsweise und die Strategie bleibt aber jedes Mal die gleiche.

Jetzt geht es in Richtung Finale. Vielleicht war es bei Sarah der Kollege, dem das ganze Gehabe von Lars-Benjamin zu bös wurde und der dem Chef den entscheidenden Hinweis gab. Für den Showdown gibt es auch unzählige Szenarien, die schließlich immer zur Situation passen müssen. Und das Fazit heißt auch in diesem

Fall mal wieder: Wenn sie nicht gestorben ist, ist Sarah in Brasilien.

Was geschieht in den realen Märchen, die die Macher erleben?

„Mut wird belohnt", „Den Tapferen hilft das Glück", „Du musst nur einmal öfter aufstehen, als hinfallen" – es gibt unzählige dieser Sprüche und jeder einzelne davon ist die Basis des Macher-Märchens.

Alle der genannten Protagonisten fügen sich nicht so einfach in ihr Schicksal – und das ist der Schlüssel zum Glück. Sie wehren sich gegen ihre Widersacher, und wenn das in den klassischen Märchen gewalttätig erscheint, ist dies nur eine Metapher für die Lösungsfindung. Die Sarahs in den Unternehmern dieser Welt wenden List und Tücke an. Sie werden dann unterstützt von ihren Förderern, die ebenfalls diese Märchen erlebt und gelebt haben und das Spiel kennen. Und sie wissen: Geschenkt bekommen sie nichts, sie müssen etwas dafür tun. Aschenputtel musste Linsen sortieren und einen Baum schütteln. Und sie wurde dafür belohnt.

Die klassischen Märchen und die realen Märchen der modernen Zeit sagen uns, dass wir nicht aufgeben dürfen, nach unserem Glück zu suchen. Dass wir mit Zuversicht und positiver Hingabe unsere Ziele verfolgen sollen und dass wir an das Gute in unseren Mitmenschen glauben sollen. Denn es sind nicht nur unsere eigene Kompetenz und unsere Fähigkeiten, die uns an das Ziel unserer Business-Träume bringen. Es ist das Glück, das unbedingt dazu gehört und es sind die Ritter, Prinzen, Feen und guten Hexen in Form unserer Mitmenschen, auf deren Rollen man auch in den klassischen Märchen zurückgreift. Ja, die Märchenmacher der früheren Zeiten wussten auch schon, worauf es ankommt. Denn ohne die Guten geht es nicht und deren Tun führt regelmäßig zu dem Spruch, mit dem Märchen enden – auch in der Neuzeit der modernen Geschäftswelt von Machern:

„Und wenn sie nicht gestorben sind, sind sie genau da, wo sie hinwollten!"

Reale Märchen unserer Zeit gibt es in unserem Blog. Viel Spaß beim Lesen, Träumen und Machen.

Ihre Charlotte de Brabandt

Begleitwort Johanna Wech

Bild Johanna Wech (Fotograf: Marcus Weinreich)

JOHANNA WECH ist Autorin, Schauspielerin und Rezitatorin für Zeitgeschichten. Mehr Informationen:

https://theateruntermturm.com/portfolio_page/goethes-ungliebter-engel-von-johanna-wech/

DIE BLAUEN FLÜGEL

Wenn deine innere Landschaft immer wieder erscheint, bis sie zur Struktur des Unterbewussten wird, dann solltest du ihrer Spur folgen:

„Ist da wer?" Rufst du in einen dunklen Wald, in dem man sich im Traum verirrt; doch die hohen Tannen rauschen nur im Wind. Also lauter: „Ist da wer?" Ein Echo antwortet und verhallt in den Sternen. Du erschrickst, denn ja: Da ist wer! Ein grinsender Zwerg tippt dir von hinten auf die Schulter, ein Prinz mit schwarzem Blick nimmt deine Hand und ein gutmütiger Drachen geht voraus; immer tiefer durchs Dickicht des Waldes, einen verschlungenen Pfad entlang, der überwuchert von Blattwerk kaum mehr zu erkennen ist. Der Drachen stolpert mit seinem langen Schweif über die morschen Äste; alle lachen, am lautesten der Prinz, bis er selbst fällt, doch bis mittags erreicht ihr alle wohlbehalten die ewige Quelle. Du kniest nieder und trinkst; tauchst dein Gesicht ins eiskalte Wasser, bis es ganz rot ist. Wie erfrischend! Jetzt nimmt der Zwerg ein Bad; Drachen und Prinz streiten. Egal, du fühlst dich hellwach, reckst, streckst dich nach allen Seiten, greifst hinter dich. „Seltsam!" Sacht fährst du dir mit der Hand den Rücken hinab; spürst kleine, weiche Federn die piksen, stechen und jucken wie verrückt: „Aua!" Es ist zum aus der Haut fahren, kaum auszuhalten! Also weiter kratzen, stärker kratzen bis es blutet und das Jucken aufhört: Der Schmerz vergeht! Du hast soeben zarte, flaumige Flügel bekommen und oh, wie schnell sie wachsen; fester, stabiler werden. Ein Wunder! Du spiegelst Dich im Wasser der Waldquelle: Wow! Die Flügel aus tausenden kleiner, blauer Federn überragen dich bereits. Begeistert spannst du die noch schwachen Muskeln deiner neuen Flügel: Anspannen, entspannen, anspannen, entspa.. bis das Muskelspiel klappt! Oh Wunder, du weitest die Schwingen und fliegst; fliegst über duftende Wiesen, Dörfer und aquamarin grüne Seen. Die neuen Flügel sind so blau, wie der Himmel! Jubilierend drehst du dich um! Hinter dir fliegen die drei Gesellen, die dich durch den geheimnisvollen Wald zur Kraftquelle leiteten: Der Zwerg, der Prinz und der Drachen; die Geister, die du riefst. Sie entspringen deinem Unterbewusten und sind zu deiner neuen Realität geworden: Zu viert fliegt ihr über die Landschaften fremder Geisteswelten: Nirgendwo für ewig weilen, nirgends festkleben und doch mit allen Menschen, allen Dingen auf wundersame Weise verbunden. Frei bist du, sing! Als könnt die Seele fliegen. Warst du ein Vogel im früheren Leben?

Begleitwort / Interpretation

Ja es gibt sie, jene innere Heimat nach der mancher ein Leben lang sucht, bis ein rostiger Schlüssel das weite Tor zu unserer Seele endlich öffnet. Wir mögen geliebt sein oder nicht, klug und gewitzt, mit Schönheit gesegnet oder schwerfälliger, reich oder arm; was auch immer das Schicksal für Dich ersann. Wenn Du nie den Prozess des Gewahr Werdens durchleidest, wirst Du diese Welt unerfüllt verlassen.

Märchen befassen sich nicht nur mit der Emporhebung unserer Seele, sondern auch mit deren Abgründen und Nöten, wie Aggression, Gewalt und Tod. Da klassische Märchen für Kinder geschrieben sind, sprechen sie den Leser meist direkt an und interpretieren wenig. So erzählt uns Rotkäppchen kaum von ihrem pochenden Herz; qualvoll in schierer Angst, kurz bevor der Wolf sie fraß. Auch vom Entzücken, dem Glück das Dornröschen durchströmt, wenn der Prinz sie küsst und aus ewigem Schlaf erlöst, erfahren wir wenig. Da bleibt reichlich Platz für Projektionen.

Anders die Märchen, die uns hier erwarten. Unsere 13 Autorinnen haben einen persönlichen Bezug zu ihrem Lieblingsmärchen. Was sie in den modernen Versionen fokussieren, erzählt von verschütteten Ängsten, geheimen Sehnsüchten und verlorenen Träumen. Ihre Interpretationen bekannter Märchen zeigen, dass eine Reise zum Alter-Ego in die eigenen Gefühlswelten sich lohnt; und wer weiß, vielleicht öffnet sich auch für dich jenes Tor, das den Weg zum Ich bisher verbarg.

In diesem Sinne: Seelenheil! Eure JOHANNA WECH

Max Cooper

Bild Max Cooper (Fotograf: Urs Janetz)

Max Cooper (Pseudonym)

Motto: „Schreibe – Du kannst sie nicht alle töten!"

Im zivilen Leben treibt Max (Jahrgang 1969) sich mit einer Anwaltszulassung ausgestattet in der Welt herum, hält Seminare, besucht Rockkonzerte, stapft durch den Schlamm von Wacken, geht mit seinem Hund spazieren, steht auf Steaks, Autos und Motorräder, spielt gelegentlich Comedy und liebt seine Familie.

Er verfasst Kurzgeschichten und Romane. Vom – gar nicht so heimatlichen – (Heimat)-Krimi über eher humorvolle Geschichten bis zum Vampyrroman schreibt er das, worauf er gerade Lust hat. Gelegentlich verliebt er sich in seine Figuren und wenn er sie nicht (mehr) mag, bringt er sie um.

Veröffentlichungen bisher:

- **Roman: Sühnegeld – Rachefieber in Garmisch** (HaWeWe Media, 2020)
- Anthologie: „Rumpelstilzchen Reloaded" in Märchen für Macher (Hrsg. Peter Buchenau, Midas Management, 2020)
- Geschichten paradoxer Welten (Kurzgeschichten – BoD, 2020)

Mehr unter: www.maxcooper.de / max@maxcooper.rocks

Rattenfänger Switched

(Aufrichtigkeit)

Aufrichtigkeit (das Aufrichtig sein) bezeichnet ein Merkmal persönlicher Integrität und bedeutet, zu sich selbst, zu seinen Werten und Idealen, zu stehen und den eigenen Gefühlen und der eigenen, inneren Überzeugung ohne Verstellung in Rede und Handlungen Ausdruck zu geben. Aufrichtigkeit bedeutet auch, anderen Menschen, wie auch sich selbst gegenüber ehrlich zu sein, zu seinen Fehlern zu stehen und sich nicht zu verstellen.

Sie gilt als Tugend, Wert und Charaktereigenschaft eines integren Menschen, „welcher ohne jede List und Falschheit redet und handelt, dessen Tun und Reden mit seiner Gesinnung vollkommen übereinstimmt, der ohne versteckte Nebengedanken und versteckte Absichten handelt"

(Wikipedia Zugriff 05.07.2022)

Es war wieder einmal einer dieser regnerischen Tage, an denen Kim nichts anderes einfiel, als sich mit ihren Freunden auf Facebook auszutauschen. Gut, „Freunde" war natürlich ein wenig übertrieben. Tatsächlich kannte sie von ihren weit über 1000 „Freunden" allenfalls 60 in natura. Und auch unter diesen fanden sich 5 bis 6, mit denen sie auch außerhalb des Netzes persönlichen Kontakt pflegte.

Wie so oft in den letzten Monaten seufzte sie leise, als sie ihr Tablet zur Hand nahm. Sie fand keinen Sinn in ihrem Leben und fühlte sich einsam. Daran änderten auch soziale Netzwerke wenig. Aber hier fand sie zumindest Ablenkung.

Rational betrachtet war ihr Leben bisher gar nicht einmal so mies. Kim war behütet aufgewachsen. Sie war ein fröhliches, zufriedenes Kind. Nach dem Abitur hatte sie in der Mindeststudienzeit Jura studiert und Felix kennen und lieben gelernt. Kurz darauf kam – ungeplant - Mia auf die Welt. Alles war perfekt. Als moderne Menschen teilten sie sich die Erziehung von Mia auf und schafften es beide irgendwie, die Uni und das Referendariat abzuschließen. Mit zwei Staatsexamina ausgestattet, gingen sie schließlich beide in Teilzeit arbeiten. Bis zu diesem Tag, als Kim Felix' Anzug aus der Reinigung abholte und man ihr eine Hotelrechnung überreichte, die man glücklicherweise vor der Säuberung aus der Innentasche des Jacketts gerettet hatte. Felix war in einem Hotel gewesen. An einem seiner Arbeitstage. In Hameln, ihrem Wohnort. Natürlich stelle Kim ihn zur Rede. Und er leugnete es nicht einmal, dass er eine Affäre mit einer Mandantin hatte! Bei der Scheidung regelte der Richter, dass sich Kim und Felix auch künftig gemeinsam um Mia kümmern sollten und sie im Wochenwechsel bei ihr und bei Felix leben sollte. Also bekam Kim noch nicht einmal Unterhalt von Felix, der sich jedoch in der Wirklichkeit kaum um Mia kümmerte.

Und so saß Kim da, versorgte seit Jahren alleine praktisch 24/7 ihre Tochter und bekam von Felix keinen Cent. Zum Glück unterstützten Kims Eltern sie, doch als pensioniertes Rentnerpaar konnten sie auch keine großen Sprünge machen. Kim war zurück zu ihren Eltern in eine kleine Einliegerwohnung gezogen und schaffte es mal eben so, ein paar Stunden als Anwältin zu arbeiten. Glücklicherweise war Mia inzwischen 17 und stand kurz vor ihrem Abi, so dass Kim zumindest ein wenig mehr Luft hatte.

Doch wie hieß es so schön: kleine Kinder, kleine Sorgen, große Kinder, große Sorgen. Zeit für sich hatte Kim kaum und ihre Freunde hatten sich fast alle ebenso schnell auf irgendwelche Cocktailpartys und Skiurlaube in der Schweiz verflüchtigt, wie Felix in die Arme seiner Geliebten. Dennoch kam sie irgendwie klar. Doch an regnerischen Tagen wie heute fragte sie sich, wo der Sinn in ihrem Leben lag. War es tatsächlich nur Mia? Die würde in absehbarer Zeit flügge werden. Und dann? Gab es da nicht mehr? Das konnte doch nicht alles sein! Wofür nur hatte sie studiert?

Lustlos scrollte sie durch die Neuigkeiten ihrer Facebook-Freunde. Platte Lebensweisheiten, Aufforderungen, mal an sich selbst zu denken, Bitten, eine Petition gegen die Zwangsheirat von bengalischen Kampfhühnern zu unterzeichnen, Katzenvideos, Videos von schnarchenden Hunden, Videos von Menschen, denen irgendetwas lustiges oder peinliches zugestoßen war, Werbung für auslaufsichere Windeln, Hasstiraden gegen Politiker und so weiter und so weiter.

Doch unvermittelt blieb ihr Finger hängen.

„Kein Sinn in Deinem Leben? – STIMMT NICHT!", prangte ihr da entgegen. Weißer Text auf knallrotem Hintergrund. Sonst nichts.

Neugierig klickte sie auf den Link in der Beschreibung und blitzschnell öffnete sich ein Video. Ein Mann, der in einem augenscheinlich ausgesprochen teuren Auto saß, erschien auf dem Bildschirm. Sein Gesicht strahlte Zuversicht, Selbstvertrauen und Entschlusskraft aus. Stahlgraue, klare Augen funkelten in die Kamera. Seine Frisur mit den leicht grauen Schläfen saß ebenso perfekt wie das gestärkte, hellblaue Hemd, dessen oberster Knopf geöffnet war.

„Hallo, ich bin Dirk Schärfer! Und da Du das Video angeklickt hast, siehst Du keinen Sinn in deinem Leben. Du stehst vor einem Berg von Problemen. Du hast kein Ziel vor Augen. Du hast Angst vor der Zukunft. Du fühlst Dich matt und niedergeschlagen. Antriebslos. Müde. Minderwertig. Nutzlos. Du fragst Dich, ob das alles ist."

Kim war auf einen Schlag völlig gebannt. Dieser Mann sprach all das aus, was ihr seit der Trennung von Felix durch den Kopf geisterte. Es war das erste Mal in unzähligen Monaten, dass da jemand war, der sie verstand!

„NEIN, ist es nicht. Du stehst nur in einem Flur mit vielen Türen. Und Du weißt nicht, welche Du öffnen sollst. Doch heute sage ich Dir: Entscheide Dich! Öffne die richtige Tür und nimm Dir Deinen Erfolg! Bleib nicht stehen, geh Deinen Weg! Werde glücklich! Werde erfolgreich!"

Eindringlich fraßen sich die Worte in ihr Unterbewusstsein. Ja, das war es. Sie musste nur durch die richtige Tür gehen, die richtige Entscheidung treffen und sie würde glücklich werden. Erfolgreich und glücklich!

„Warte nicht! Zögere nicht! Ich reiche Dir meine Hand und begleite Dich auf Deinem Weg!"

„Ja, hilf mir", rief sie innerlich. Doch konnte dieser Kerl ihr wirklich helfen?

„Du fragst dich, wer ist dieser Kerl, dieser Dirk Schärfer, überhaupt? Klar, er sitzt in einem Porsche und nimmt ein Video von sich auf. Er trägt teure Anzüge, hat eine Rolex am Handgelenk. Offensichtlich ist er nicht nur reich, sondern auch erfolgreich. Aber was weiß so einer schon davon, wie ich mich fühle! Nun, lass mich Dir meine Geschichte erzählen.

Ich war nicht immer reich, nicht immer erfolgreich. Mein Vater war Kumpel im Kohlebergbau und meine Mutter hat sich um mich und meine vier Geschwister gekümmert. Als Kind musste ich die zu klein gewordenen Sachen meiner Brüder auftragen. Fleisch gab es ein oder zwei Mal im Monat. Mit 15 habe ich eine Lehre als Fliesenleger gemacht. Mit 25 hatte ich einen Unfall, seither kann ich nicht mehr knien. Das war es dann mit dem Fliesenleger. Ich verlor meinen Job und landete fast auf der Straße. Doch ich wollte nicht in einer heruntergekommenen Eckkneipe am Tresen enden, wie mein großer Bruder. Ich wollte nicht mit 40 an Leberziehrose sterben. Und als mich meine heimliche große Liebe bei meinem zögerlichen Annäherungsversucht fragte, was sie denn mit so einem wie mir sollte, fiel bei mir der Groschen. Ich wollte erfolgreich sein. Reich, gesund, unabhängig. Also bin ich durch die erste Tür gegangen. Mit Kleinkram habe ich mich fortan nicht mehr beschäftigt. Und mit Fleiß und Schweiß habe ich mich am eignen Schopf gepackt und mich selbst aus dem Sumpf des Belanglosen gezogen. Ich wurde erfolgreich, reich, gesund und glücklich."

UND DU KANNST DAS AUCH!, verkündete eine Einblendung in dem Video.

„Und ja, natürlich hatte ich auf meinem Weg an die Spitze auch meine Rückschläge. Rückschläge, bei denen mir andere Menschen geholfen, mich unterstützt haben. Das erfüllt mich mit tiefer Dankbarkeit. Und für all diese Unterstützung möchte ich mich jetzt, da ich an der Spitze bin, revanchieren.

Im Laufe der Jahre habe ich viele Menschen kennen gelernt, denen es ähnlich erging, wie Dir. Und erfüllt von dieser tiefen Dankbarkeit und Demut habe ich beschlossen, diesen Menschen zu helfen, so wie mir einst geholfen wurde!

Und heute möchte ich Dir helfen! Klick auf den Link unter diesem Video und erhalte mein Buch ‚Dirk Schärfer – Der Weg in ein erfülltes Leben' kostenlos gegen Erstattung der Versandkosten zugesandt. Bestelle noch heute Dein persönliches Exemplar und beginne Deinen Weg in eine glückliche, erfolgreiche und gesunde Zukunft!"

Ohne weiter darüber nachzudenken, klickte Kim auf den Link und füllte die Bestellanforderung an. Als „Besonderes Angebot nur für Dich" konnte sie außerdem ein „Unverbindliches Kontaktgespräch mit Dirk Schärfer persönlich" bestellen. Lediglich ihre Telefonnummer wurde dafür benötigt. Kim glaubte nicht wirklich, dass Schärfer sie anrufen würde. Tatsächlich wäre es wohl eher irgendein Handlanger, der versuchen würde, ihr etwas zu verkaufen. Aber Kim fühlte sich als Anwältin gewappnet, einen solchen Anruf abzuwehren, und sie hatte Lust, sich mal wieder telefonisch zu duellieren. Also gab sie Ihre Handynummer an.

Eine Stunde später war Kim lange wieder im Kosmos der Essensfotos, Sinnsprüche und Katzenvideos ihre Facebook-Freunde versunken, als plötzlich ihr Handy klingelte. Eine unbekannte Nummer. Aber zumindest nicht anonym. Nach einem kurzen Zögern ging sie dran.

„Hallo Kim, wenn ich Dich so nennen darf."

Die Stimme kam ihr erstaunlicherweise bekannt vor.

„Hier ist Dirk. Dirk Schärfer. Passt es Dir gerade?"

Wow, das war er wirklich selbst! Damit hatte sie nun gar nicht gerechnet.

„Ja, klar", erwiderte sie irritiert.

„Das freut mich. Ich habe gesehen, dass Du mein Buch bestellt hast. Es sollte in den nächsten Tagen bei Dir sein. Ich gebe zu, ich habe Dich ein wenig im Internet gestalkt. Und dabei ist mir aufgefallen, dass Du aus Hameln kommst, das stimmt doch?"

„Ja, das ist richtig."

„Und Du bist Anwältin! Wenn das mal nichts ist. Darauf kannst Du aufbauen.! Und wie es der Zufall so will, bin ich in zwei Wochen bei Dir in Hameln für einen Vortrag. In der, äh, Rattenfänger-Halle. Heißt die ernsthaft so?"

„Allerdings, die Stadt meint, das sei ein grandioser Name. Wegen des Rattenfängers von Hameln."

Dirk lachte herzerfrischend. „Und ausgerechnet ich halte da ein Key-Note. Fantastisch. Sag mal, was hältst Du davon, wenn wir uns persönlich treffen? Das ist vielleicht besser als ein so unpersönliches Telefonat. Was denkst Du: Statt des Telefonats schicke ich Dir eine Eintrittskarte zusammen mit dem Buch zu. Und im Anschluss treffen wir uns. Die Details bekommst Du dann mit der Karte." Kim fühlte sich ein wenig überrollt. Aber warum eigentlich nicht? Und so konnte sie es sich ja immer noch anders überlegen.

„Klar, sehr gerne."

„Perfekt, das freut mich! Dann lasse ich Dir alles zukommen und wir treffen uns dann in zwei Wochen! Ich freue mich wirklich, Dich kennen zu lernen! Bis dahin!"

Drei Tage später kam ein Päckchen. Schärfer hatte sie schon fast wieder vergessen, doch in dem Paket fand sich das erstaunlich dicke Buch und ein Umschlag, in dem sich vier Eintrittskarten für Schärfers Auftritt und eine handschriftliche Notiz fanden:

„Liebe Kim,

anbei die versprochene Eintrittskarte. Vielleicht findest Du noch jemanden, der Dich gerne begleiten würde. Deswegen habe ich 3 weitere Karten zusätzlich beigelegt. Melde Dich dann bitte am Info-Point zwecks unseres Treffens. Du musst nur Deinen Namen sagen. Ich freue mich sehr, Dich auch persönlich kennen zu lernen!

Bis dahin und ganz herzliche Grüße

Dirk.

P.S.: Es wäre großartig, wenn Du schonmal ein wenig in meinem Buch schnökern könntest!"

Kim überlegte. Wen könnte Sie mitnehmen? Verfallen lassen wollte sie die Karten nicht. Andererseits – würden ihre wenigen Freundinnen sich nicht über sie lustig machen, wenn sie zu so einer Veranstaltung ging?

„Was ist da denn?" Mia griff sich das Buch und blätterte erstaunlich interessiert darin herum. „Wow, der Typ scheint ja ganz schön cool zu sein."

Kim traute ihren Ohren kaum. Ihre Tochter – die Pubertätskanone des Jahrzehnts – interessierte sich für etwas!?

„Oh, du hast Tickets? Krieg' ich eins?"

Und schon hatten sich Kims Überlegungen erübrigt.

***

Eine gute Woche später betraten Kim, ihre Tochter und zwei von Mias Freundinnen die Rattenfänger-Halle. „Tonight: Dirk Schärfer Live - Sold Out!", verkündete ein großes Schild an der Eingangstüre.

„Oh, Du bist also Kim!", freute sich der junge Mann am Info-Point fast schon überschwänglich. „Dirk freut sich sehr auf Dich! Und das sind sicher Deine Schwestern!"

„Meine Tochter und zwei ihrer Freundinnen", stellte Kim ein wenig geschmeichelt klar.

„Wollen die jungen Damen denn nach der Show auch mit Backstage?", fragte Enrique, wie der Mann ausweislich seines Namensschildes hieß.

„Aber sicher doch", erwiderte Mia, die augenscheinlich mehr als angetan von Enrique war.

„Sehr schön! Dann treffen wir uns nach der Show genau hier wieder und ich begleite euch nach hinten. Aber jetzt erst einmal viel Spaß. Und denkt daran, durch die richtige Tür zu gehen!"

Die Mehrzweckhalle war mit etwa 2700 Zuschauern bis auf den letzten Platz gefüllt. Kim war gar nicht bewusst gewesen, wie bekannt Dirk Schärfer tatsächlich war. Und schon wieder fühlte sie sich geschmeichelt, dass ausgerechnet sie vier Ehrenplätze in der ersten Reihe bekommen hatte.

Pünktlich um 20.00 Uhr erlosch das Licht. ‚Also sprach Zarathustra' erklang aus den Lautsprechern. Ein schmaler Lichtkegel erschien, wanderte über das gespannt wartende Publikum und verharrte am hinteren Ende der Halle auf einer Tür. Wie von Geisterhand öffneten sich die Türflügel und Schärfer tauchte ins Licht des Spots. Applaus brandete auf, die Zuschauer sprangen von ihren Sitzen.

Beide Arme euphorisch in die Höhe gehoben und winkend joggte Schärfer lässig durch die Zuschauerreihen in Richtung Bühne. Gelegentlich blieb er kurz stehen und umarmte jemand, schüttelte Hände, verteilte Kusshände.

Direkt vor Kim blieb er erneut stehen, reichte ihr beide Hände und umarmte sie, als wären sie schon seit Jahren beste Freunde. Er zwinkerte ihr zu und joggte weiter in Richtung Bühne. Alles in Großaufnahme live über die riesigen Leinwände für jeden im Saal sichtbar.

Das stand er nun. Alleine auf einer riesigen Bühnenkonstruktion, die aus nichts weiter bestand als Leinwänden, auf denen in einer perfekt wirkenden Choreographie abwechseln das begeisterte Publikum – offenbar aufgenommen über eine Drohne – Schärfers Gesicht oder die ganze Bühne zu sehen waren.

Einige Momente badete er sichtlich im Applaus. Dann rückte er sein Funk-Headset etwas zurecht und klopfte auf das Mikrofon. Langsam kehrte ein wenig Ruhe ein. Inzwischen fühlte sich Kim, als wäre sie auf der falschen Veranstaltung. War das hier ein Popkonzert? Die Euphorie kam ihr mittlerweile ein wenig suspekt vor. Doch Mia und ihre Freundinnen starrten wie paralysiert auf die Bühne. Vielleicht was das heutzutage einfach so…

„Hallo Haaaaameln!!!", rief Schärfer und ad hoc brandete der Applaus umso stärker wieder auf. Jubel ertönte. Es klang, als hätte Schärfer jedem der Anwesenden gerade eine Million Euro in Bar versprochen. Sicher, der Mann hatte Ausstrahlung. Der leger geschnittene, maßgefertigte Anzug, das am Kragen offenstehende Hemd, die augenscheinlich sehr teure, aber nicht protzige Armbanduhr, die italienische Schnürschuhe, das perfekte Lächeln, die gepflegten Hände, selbst die dynamisch gestylte Frisur. Alles passte perfekt zusammen. Dennoch: Kim konnte sich der aufkeimenden Aversion kaum entziehen.

Auf den drei Leinwänden erschienen Buchstaben:

GEH DEINEN WEG! – WERDE GLÜCKLICH! – WERDE ERFOLGREICH!

Schärfer zeigte theatralisch auf jede der Aussagen. „Ist es das, warum ihr hier seid – Hameln?", rief er und die Halle kochte.

Die Aussagen verschwanden und auf jeder Leinwand erschien eine geschlossene Tür. Die linke trug die Aufschrift ‚Neid', die rechte ‚Falsche Rücksichtnahme' und auf der mittleren stand ‚Dirk Schärfer'.

„Und das werdet ihr erreichen! Ihr müsst nur durch die richtige Tür gehen!" Schärfer hob die Arme in die Höhe und badete in einer Woge der Zustimmung.

Die beiden äußeren Türen verschwanden und machten dem überlebensgroßen Gesicht von Schärfer Platz.

„Wollen wir gemeinsam den Weg gehen! – Gemeinsam den Weg durch die Tür! – gemeinsam den Weg durch die RICHTIGE Tür!" Schärfer wurde lauter, bestimmter, fordernder. Die Menschen in der

Halle schrien und klatschten mit jedem seiner Sätze immer lärmender und euphorischer. Mia und ihre Freundinnen brüllten „Jaaa" und pfiffen begeistert auf ihren Fingern.

„Jaaaa!", brüllte Schärfer und wandte sich zur mittleren Tür. In der Videoanimation öffnete sich die Tür und Kim erwartete, dass nun auch dort Schärfers Konterfei erschien. War sie eigentlich die Einzige hier, die das Ganze als billige Show empfand?

Doch zu Kims Erstaunen befand sich nicht Schärfers Kopf hinter der Tür. In Frakturschrift erschienen die Worte

Antriebslos? Müde? Minderwertig? Nutzlos?

„Fühlt Ihr Euch manchmal so? Ja?" Schärfer blickte einige Sekunden stumm ins Publikum. „Das ist FALSCH!", rief er unvermittelt.

Die Anzeige verblasste und neue Wörter erschienen:

ERFOLGreich – GLÜCKlich – GESUNDheit

„DAS. FREUNDE. DAS. IST. ES. WIE. IHR. EUCH.FÜHLT!"

‚Chacka' fuhr ein sarkastischer Gedanke durch Kims Kopf. Doch die Leute um sie herum, ja die komplette Halle, flippte völlig aus.

Und in diesem Stil ging es knapp 90 Minuten weiter. Schärfer haute eine Plattitüde nach der anderen raus, die Leute applaudierten euphorisch und Kim kam sich vor, wie im falschen Film. Nicht eine konkrete Aussage, keine echten Hilfestellungen, nichts. Kalenderweisheiten, allenfalls esoterisch angehauchte Facebook-Poesie.

Kim waren schon beim Überfliegen von Schärfers Buch die banalen Phrasen aufgefallen, mit denen er um sich warf. Doch irgendwie hatte er sie mit dem Telefonat eingelullt. Und jetzt stand sie hier und konnte die Welt um sich herum nicht fassen.

Nach etwa einer Stunde streiften auf einmal Schärfers Adjutanten durch die Sitzreihen und verteilten Flyer, Werbekugelschreiber und kleine Fähnchen mit Aufdrucken wie ‚Erfolg!', ‚Glück' und ähnlichen Aussagen unter denen immer stand ‚by Dirk Schärfer'. Die Menschen um sie herum begannen, wie verrückt zu schreiben. Kim sah sich einen der Flyer genauer an. Schärfer bot darauf seine Dienste an. Einzelcoachings für 2.500 € / Tag; Gruppencoachings für 1.500 € / Tag, Coachingwochen, Coachingmonate, Jahrescoachings und so weiter und so fort. Das also war es. Schärfer machte hier die Leute heiß – und die kauften Kurse bei ihm. Vermutlich ebenso oberflächlich und nutzlos, wie dieser Vortrag.

Erschrocken sah Kim, dass auch Mia und ihre Freundinnen ihre Adressen auf die Flyer schrieben. „Lass das, Mia", sagte Kim. „Du bist noch minderjährig!"

„Aber nicht mehr lange!", feixte sie zurück und steckte den Flyer beleidigt ein.

***

Als die Farce endlich vorbei war, strömten die Menschen zu den Ausgängen, wo Schärfers Mitarbeiter fleißig die Bestellflyer einsammelten. Kim hatte nicht vor, ihre Verabredung mit Schärfer einzuhalten, und steuerte direkt auf den Ausgang zu, als unvermittelt Enrique vor ihr erschien. „Oh toll, das seid ihr ja schon", sagte er und zog Kim am Ärmel durch den Menschenstrom. Kim war zu verdutzt, um sich zu wehren. Zudem bleib ihr kaum etwas anderes übrig, als ihm zu folgen, denn Mia und ihre

Freundinnen wären kaum dazu zu bringen gewesen, nach Hause zu gehen. Enrique führte sie zu einer unscheinbaren Tür in den Backstage-Bereich und bleib vor einer anderen unscheinbaren Tür stehen. „Garderobe Dirk" stand auf einem an die Tür geklebten Zettel. Enrique klopfte. „Dirk kommt sicher gleich. Möchten die jungen Damen mit mir eine kleine Führung machen? Ihr lernt Dirk dann später kennen", sagte er und zog die begeisterte Mia und ihre Freundinnen fort.

Die Tür öffnete sich und Schärfer erschein. „Kim! Komm doch rein", sagte er mit einem – wie Kim es empfand – falschen Lächeln. „Setz Dich doch bitte. Einen Drink? Whisky, nicht wahr?" Er hatte sein Sakko ausgezogen und schenkte einen großen Single Malt von Kims Lieblingsmarke ein. Ohne Kims Antwort abzuwarten, reichte er ihr das Glas. Offenbar hatte er sie gut ausspioniert. Schärfer goss sich ebenfalls ein Glas ein und setzte sich.

„Dir hat mein Vortrag nicht gefallen", sinnierte er. „Das habe ich gesehen. Aber Deine Tochter und ihre Freundinnen. Die waren begeistert. Nicht wahr?" Schärfer lachte leise. „Schade. Ich dachte eigentlich Du wärst die perfekte Ergänzung für mich. Single. Frustriert. Alleinerziehend. Anwältin. Juristisch super, aber erfolglos in deiner Provinzkanzlei. Habe ich Deine Lebens-Situation in etwa getroffen?"

„Wollen Sie mir etwa einen Job anbieten?"

„Oh, das hatte ich eigentlich vor. Mir war klar, dass eine Frau wie Du kaum zu einem meiner Coachings kommen würde. Doch die Abscheu, mit der Du meine Show angesehen hast. Ich hatte gehofft, ich könnte Dich zumindest ein wenig begeistern. Oder Du würdest es wenigstens mit Humor nehmen. Aber diese Abscheu. Hm nein, ich glaube wir passen doch nicht so gut zusammen."

„Gut, denn für einen Scharlatan wie Ihnen würde ich ohnehin nicht arbeiten. Denn eines ist mir wichtig: Aufrichtigkeit. Vielleicht haben Sie davon schon einmal gehört?"

„Aufrichtigkeit? Du bist wirklich gut, Kim!" Schärfer prustete und verschüttete dabei beinahe seinen Whiskey. „Aufrichtigkeit! Verdammt, ich dachte wir reden davon, GELD zu verdienen!"

In diesem Augenblick öffnete sich die Tür und Mia nebst Freundinnen stürmten das Zimmer. Schärfer gab den freundlichen, eloquenten, ehrlichen Geschäftsmann und väterlichen Freund. Er verteilte Autogramme an die Mädchen und lehnte großspurig die ihm aufgedrängten Anmeldeformulare ab. „Nein, ihr Lieben. Ihr seid noch minderjährig. Besprecht das bitte erstmal in Ruhe mit euren Eltern!"

Irgendwann war es endlich geschafft und Enrique bugsierte sie freundlich, aber bestimmt hinaus. Kim war froh, dass Schärfer sich offenbar zumindest nicht an Kindern die Finger schmutzig machte.

***

Vier Monate später hatte Kim diesen Abend schon beinahe vergessen. Der Alltagstrott hatte sie wieder. Schärfer war bei ihr auf Facebook blockiert und hatte sich auch sonst nicht wieder bei ihr gemeldet.

Kim steckte mitten in den Vorbereitungen zur Feier von Mias 18. Geburtstag, der an diesem Tag gefeiert wurde. Mia musste jeden Augenblick von der Schule zurückkehren und schon klingelte es.

Doch nicht ihre Tochter stand vor der Tür, sondern – Enrique.

„Überraschung", griente er sarkastisch.

„Was…", Kim wusste nicht, wie ihr geschah.

„Nun, Deine Tochter, Kim, ist jetzt volljährig. Und Dirk meinte, es wäre unrecht, wenn sie einfach so ohne ein Wort verschwinden würde." Enrique grinste. „Nun, Kim. Deine Mia ist ab heute Dirks Mia. Junge Mädchen haben es ihm angetan. Und Mia ist wirklich ein ganz prächtiges, junges Mädchen."

Ehe Kim auch nur den Hauch einer Reaktion aufbringen konnte, war Enrique verschwunden.

„Hey, wer ist der Kerl, mit dem ich unsere Tochter eben habe davon fahren sehen!?", rief Felix, als er die Treppe hinauf hetzte. Wo fährt sie hin?"

„Sie fährt zum Rattenfänger", stotterte Kim.

Und sie ward nie wieder gesehen.

Ihr Max Cooper

Ulrich Esenwein

Bild Ulrich Esenwein (Fotograf: Renate Esenwein)

Ulrich Esenwein, Jahrgang 1961, war bis zu einer Mitte Oktober 2014 im Rahmen einer Herz-Operation hervorgerufenen schweren Erkrankung nahezu 25 Jahre, teilweise in zentraler Funktion für die Staatskanzlei Baden-Württemberg tätig und wurde im September 2016 in den Ruhestand versetzt.

Das entsprechende Martyrium, die Ereignisse während seiner langen Krankheitsphase und insbesondere die Pflege-Missstände an zwei Kliniken in Stuttgart und Karlsbad hat er in seinem Debüt-Krimi "Schwesterchen, komm stirb für mich - der erste Fall für Sonderermittlerin Katrin Krauß" beschrieben.

"Schwesterchen, komm stirb für mich" erschien im Verlag Pro business im Oktober 2016. Vier weitere Krimis folgten. Mit dem Märchen „Das Wundmal", erschienen im Herbst 2019, hat er das Genre gewechselt und erstmals eine Art Fantasy-Geschichte verfasst. Anfang 2020 veröffentlichte er in der Westarp Verlagsgesellschaft mbH den Roman „Die Verwandlung des Engels!". Es folgten die Thriller „Die Spur des Wolfs" und „Die Rache des Wolfs".

Die blonde Prinzessin und ihre drei schönen Söhne

"Die blonde Prinzessin" schildert den Beginn, Aufbau und den Erhalt der Liebe des Autors zur einstigen und noch heutigen Prinzessin und jetzigen Ehefrau Renate , mit der er seit 2004 zusammen und seit 2008 verheiratet ist und die ihm in guten wie in schlechten Tagen Halt, Unterstützung und Motivation gibt, gegen alle täglichen Probleme und Sorgen anzukämpfen.

Für die Frau, auf die ich über vierzig Jahre lang gewartet habe, nämlich meine

ewige Prinzessin,

aufregende Gattin,

treue Gefährtin,

kluge Geliebte,

verlässliche Köchin,

begeisterte Gärtnerin,

beste Chauffeurin,

kreative Künstlerin,

begnadete Sängerin,

aktive und stets diskussionswillige Gesprächspartnerin und

fürsorgliche Begleiterin und Pflegerin

Ganz am Anfang ihrer großen Liebe gab die holde Prinzessin ihrem Prinzen das folgende Versprechen, das auch heute noch gilt:

„der, den ich liebe, hat mir gesagt, dass er mich auch liebt, braucht und will

und dass ich deshalb immer auf mich aufpassen soll

und so achte ich auf mich und meinen Weg

und fürchte mich vor jedem Regentropfen, der mich erschlagen könnte!"

Ein heißer Tag am Meer

Die Idee und Initiative von Peter Buchenau, ein „Märchen für Manager" zu schreiben und veröffentlichen zu dürfen, gibt mir die Chance, den märchenhaftigsten Wandel in meinem zuvor beruflich stressigen und doch erfolgreichen Leben, in dem ich über Jahre hinweg an zentraler Stelle verschiedene Milliardenprojekte von hoher politischer Bedeutung gesteuert und zu einem guten Ende geführt hatte, zu beschreiben.

Mein Märchen beginnt – wie alle Märchen- mit einem einsamen Prinzen und einer wunderschönen Prinzessin.

Besonderheit der Geschichte ist, dass der Prinz, der lediglich eine kleine Bleibe und ein eher lahmes schwarzes Pferd sein Eigen nannte , aber keine großen Reichtümer besaß, schon als er die Prinzessin das erste Mal richtig erkannte, eindeutig rot sah.

Dazu muss man wissen, dass dieses kräftige Rot ist eigentlich ein Warnhinweis ist, aber im Fall dieses Prinzen jedenfalls ein deutliches Signal aussandte. War das, was er sah, doch ein knallrote und knappe Badebekleidung, welche die üppigen und schon deshalb äußerst verführerischen Formen einer langhaarigen, blonden und grünäugigen Prinzessin nur ungenügend verhüllte, die er an einem heißen Juleitag am schwäbischen Meer traf.

Er wusste vom Hörensagen und einem flüchtigen Bekannten, dass sie nach einem neuen Prinzen in ihrem Leben suchte, sich gern die lauen Sommernächte am See um die Ohren schlug, auch wenn sie am Tag die sanfte, schüchterne, eher zurückhaltende und manchmal tollpatschige Dame spielte und dennoch ständig von vielen Verehrern umschwärmt war.

Nun lag die Prinzessin gemütlich bäuchlings auf einem Badetuch unter einem kleinen, dürren Apfelbaum und las scheinbar konzentriert ein Buch, das der Prinz allerdings nicht kannte.

Um ihre Aufmerksamkeit zu gewinnen und einen sorgfältigen und genau abschätzenden Blick auf ihre "Äpfelchen" werfen zu können, griff der Prinz zu einer List und sprach ein weiteres, nun drittes Mal die auch in diesem Moment von doch einigen Günstlingen umschwärmte Prinzessin direkt an, worauf sie sofort reagierte.

Seine List wirkte. Als der Prinz die Prinzessin fürsorglich und vorsorglich darauf hin wies, dass nach seiner Erfahrung ein gutes Stück Fleisch, das in der Hitze gebraten wurde, mindestens alle drei Minuten zu wenden war, war die Prinzessin in der Tat gern bereit, sich umzudrehen und sich lang und wortreich mit ihm zu unterhalten, wie es wohl ihre Art war. Und dass die Prinzessin ein köstliches Stück reifen und gut durchwachsenen Fleisches war, hatte der Prinz schon lange vorher bemerkt und wie ein wichtiges Geheimnis in seinem Kopf, Herz, Bauch und Unterleib bewahrt.

Nun erfuhr der Prinz, dass seine auserwählte Prinzessin im wahren Leben an einer südwürttembergischen Schule lehrte und von ihrer Schulleiterin wie auch ihrem privaten Leben genervt oder gelangweilt war, also auch ihren neuen Prinzen suchte, obwohl sie bereits drei schöne und nun erwachsene Söhne geboren und großgezogen hatte, deren Werdegang sie ihm ebenso wie ihre Hobbies und Lieblingsreiseziele wortreich schilderte.

Der Prinz war fasziniert. Von ihrem sanften und leisen Wesen, ihrem Wissen, ihren Kurven und ihren Erzählungen. Er folgerte daraus, dass ihre Söhne groß, schön, reich und gesund aussahen, sich gern in moderne Gewänder kleideten und der Schwarm vieler junger Frauen in ihrer Umgebung sein mussten, während der Prinz selbst in eher bescheidenem Rahmen aufgewachsen war und seine Jugend von seinen bereits damals sehr alten und strengen Eltern geprägt wurde.

Andererseits erkannte er aus den Erzählungen der Prinzessin, dass Geld, Macht und Wissen nicht Alles im Leben war, zumal sein eigenes durch ihm fast fremde Kabinettsangehörige, Präsidenten, Minister, Aufsichtsräte und sonstige Gremien aller Art gelenkt und dominiert wurde, was ihn doch sehr stark belastete und auch betrübte.

Und er erkannte aus ihren leidenschaftlichen Erzählungen über fremde, ihm eher noch unbekannte Länder und ihre zahlreichen Reisen, dass die Prinzessin ebenso wie er selbst nach einem Menschen und einem Ort suchte, wo sie sich geborgen, sicher und daheim fühlte, sich zurück- und anlehnen konnte. Um diesem Gefühl Ausdruck zu verleihen, hatte sie für sich selbst und den Prinzen schließlich einmalige Liebesringe angefertigt oder gezaubert

Als sie sich – schon einige Stunden später – an ihn selbst anlehnte, spürte der Prinz deutlich ihre Wärme, Nähe und ihr Vertrauen, was schnell zu leidenschaftlichen Küssen zwischen beiden und schließlich einer heißen gemeinsamen Nacht in ihrem Schlafgemach führte. Von da an waren die beiden Turteltauben unzertrennlich und verliebt wie glückliche und ständig kichernde und sich küssende Heranwachsende, die sich an ihrer ersten Liebe erfreuten.

Auch dauerte es nicht lange, nämlich nur ein paar Tage, bis die nun von der Liebe des Prinzen richtig entflammte und daher mittlerweile äußerst leidenschaftliche Prinzessin ihren Liebhaber mit ihrer eleganten und schnellen grünen Kutsche in seiner dürftigen Bleibe in der Hauptstadt des Landes regelmäßig besuchte, um mit ihm gemeinsam das abendliche Mahl einzunehmen und sich anschließend, beseelt vom Wein und ihrer Liebe, in seinem kleinen Schlafgemach verwöhnen und lieben zu lassen, wie es seit einigen Jahrhunderten guter Brauch unter Liebenden war und ist.

Der Prinz erwartete sie jedes Mal voller Ungeduld und beobachtete den Weg vor seinem Anwesen vom Fenster seines Wohngemachs aus, bis seine Prinzessin endlich ihre Kutsche abgestellt hatte und zu ihm geeilt war, um ihm ihre Liebe, ihre Leidenschaft und auch ihren Hunger und Durst nach der langen Fahrt zu gestehen, was ihn bewegte, ihr ein köstliches Nudelgericht zuzubereiten und einen süffigen und doch nicht zu starken Wein zu kredenzen.

Zu des Prinzen großer Überraschung brachte die Prinzessin nicht nur selbst viele Geschenke und speziell einen köstlichen Weißwein aus ihrer Heimat mit, sondern auch immer wieder einen Teil ihrer Gewänder, so dass der Prinz sich schnell gezwungen sah, nicht nur Tisch und Bett mit ihr zu teilen, sondern auch seinen Kleiderschrank, der indes dürftig bestückt war und bald – wie seine gesamte dürftige Bleibe – viel zu klein für die beiden Liebenden wurde, zumal die Prinzessin einen unendlich scheinenden Bestand an großen und schweren Büchern besaß.

Beide suchten daher nach einer größeren, gemeinsamen Bleibe, zumal es dem Prinzen rasch gelungen war, seiner einzigartigen Prinzessin über seine guten Kontakte zu den wichtigen alten weisen Männern bei den staatlichen Ämtern und Stellen eine Beschäftigung zu verschaffen, die rasch und stetig ihren Wohlstand mehren sollte. So war beider Weg ins gemeinsame Glück wie in den Gemälden und Bildern der Prinzessin, die sie so gern und auch oft anfertigte, zumindest vorgezeichnet.

Jedenfalls war nach beider Einschätzung aber eindeutig vorbestimmt, dass beide füreinander und für ihre Zukunft als Mann und Frau geschaffen waren. Der Prinz und die Prinzessin beschlossen daher, ihren weiteren Lebensweg gemeinsam zu gehen, auch wenn dieser manchmal recht steinig und steil werden sollte, was aber nie dazu führte, dass einer der Beiden anhielt oder gar abbog.

Vielmehr hatten sie erkannt, dass sie diesen Weg nur gemeinsam und partnerschaftlich bewältigen konnten, um nicht ins Straucheln zu geraten oder gar die Orientierung zu verlieren. Und doch galt es für sie, so manche Hürde zu umgehen und so manchen Stein aus dem Weg zu räumen, um schnell und sicher voranzukommen und gut ans Ziel zu gelangen.

Die böse, verhärmte Mutter

Dem Prinzen war es aufgrund seiner offenen und humorvollen Art schnell gelungen, ein gutes, fast freundschaftliches Verhältnis zu den schönen Söhnen der Prinzessin, die alle groß von prächtiger Gestalt und stattlich waren, aufzubauen und nach und nach zu verfestigen.

So wusste er aus den Erzählungen der Prinzessin, dass der jüngste Sohn ebenso wie seine Vorfahren ein eher dürftiges Leben als fahrender Barde fristete, der die laute Musik rhythmischer Trommeln liebte, während seine älteren Brüder als begnadeter Handwerker oder aber reicher Lebemann ihr Brot verdienten.

Insoweit war der Prinz überzeugt, dass Alles sich zum Guten wenden würde, zumal alle drei Söhne beste Manieren von der Prinzessin erlernt hatten und ihm ebenfalls offen, gesprächsbereit und aufgeschlossen begegneten.

Andererseits tat der Prinz sich mit der Mutter der Prinzessin und deren älteren Schwestern – die ähnlich wie die Mutter des Aschenputtels auf die Prinzessin herabschauten und dem Grunde nach böse, neidisch, schnippisch und unzufrieden waren, ungleich schwerer.

Als erstes fiel dem Prinzen auf, dass die Mutter der Prinzessin wohl eine fremde Sprache benutzte, indem sie zum Beispiel zu jeder Tagesstunde den freundlichen Gruß "guten Morgen" oder auch „Guten Tag" und „Guten Abend" stets durch das von ihr zudem recht barsch betonte Wort "Jetzt!" ersetzte. Das mochte daraus herrühren, dass sie aus der fernen Ostmark stammte und im letzten großen Krieg, an den sich der Prinz aus den knappen Erzählungen seiner Eltern erinnerte, vor der heranrückenden russischen Armee flüchten musste, war für den Prinzen ebenso wie ihre Abstammung aber nebensächlich war.

Immerhin war sie weder dicklich noch zuckerkrank mit geschwollenen Augen, Armen und Knöcheln, sondern eher dürr und flach und mochte auch keine Kuchen backen , die sie ihm mit einem Lächeln serviert hätte. Allein diese Vorstellung verursachte beim Prinzen ähnliche Gänsehaut wie die Begegnung mit einer alten angriffslustigen Natter.

Weitaus schlimmer empfand es der Prinz, dass die verhärmte Mutter der Prinzessin im Gegensatz zu ihrer Tochter keine Katzen mochte, die für den Prinzen selbst die weitaus liebreizendsten Geschöpfe außer seiner Prinzessin waren. Stattdessen legte der Prinzessin Mutter höchsten Wert auf gesunde und enthaltsame Kost, allerlei Beeren, Kräuter, Tees und Gemüsesäfte, während der Prinz selbst dem Alkohol und Tabak und nicht zuletzt der körperlichen Liebe mit der Prinzessin zugeneigt war.

Da die Mutter des Prinzen ebenfalls böse war, log und trog und gern „Gift und Galle" unter ihren Mitmenschen versprühte, beschlossen der Prinz und die Prinzessin heimlich und weit entfernt von ihrer jeweiligen Heimat den Bund der Ehe einzugehen. Auf diesen doch recht wichtigen Aspekt und Wendepunkt in beider Leben geht diese Erzählung später und dafür umso ausführlicher ein.

Schließlich hatten die Liebenden schnell gelernt und über viele Jahre hinweg erfahren, dass sie sich von hässlichen Schwestern, Nichten, Cousinen und sonstigen Anverwandten ebenso wie etwaigen dummen Nachbarn und sonstigen unliebsamen Zeitgenossen fernhalten mussten, die oft von Neid, Eifersucht und gar Hass gelenkt waren und die schöne heile Welt der Prinzessin und des Prinzen bedrohten, verunreinigten oder gar vergifteten.

Zu beider Glück gelang ihnen dies Unterfangen vom ersten Tag bis heute, da sie nach wie vor glücklich zusammen leben, sich an sich selbst, Kindern, Enkeln und zahlreichen Freunden erfreuen, mit denen sie gern ihre Zeit, ihr Glück, ihre Ziele und Ansichten teilen.

Auch möchte der Erzähler nicht verhehlen, dass es selbstverständlich auch dunklere Stunden im Leben des Prinzen und Prinzessin gab und gibt, die beide zusammen und getragen von ihrer Liebe, ihrer Ehrlichkeit und Treue durchlebt und letztlich glücklich überstanden haben.

Gewachsen ist zugleich auch beider Erkenntnis und Willen, das Vertrauen in den Partner Prinz oder die Partnerin Prinzessin über alles zu stellen und jede Stunde, jeden Tag, jede Woche, jeden Monat und jedes Jahr mit viel oder noch mehr Zärtlichkeit, Herzlichkeit, Humor, Lebenslust, Glaube, Liebe, Fürsorge, Hoffnung und Optimismus zu beginnen, zu leben, zu füllen und auch zu beenden.

Damit haben der Prinz und die Prinzessin ein Fundament geschaffen, auf dem beide aufbauen, wachsen und gedeihen können wie die zahlreichen schönen Rosen im Garten der Prinzessin, den ihr selbstverständlich ihr Prinz geschenkt hat, so wie er ihr einst sein Herz und seine Liebe schenkte. Geschenke, die die Prinzessin in überreichlichem Maße erwidert und gedankt hat.

So leben sie nun seit fast 215 Monaten glücklich und liebevoll zusammen und hoffen und wünschen sich beide, dass noch möglichst viele solcher Monate, prall gefüllt mit glücklichen Minuten, Stunden, Tagen und Wochen folgen werden, in denen der Prinz seine so gern schlaftrunkene und umso süßer wirkende Prinzessin am Morgen mit den Worten "guten Morgen, Prinzessin!" begrüßt und jeden Abend seine müde und doch glückliche Prinzessin mit den Worten "gute Nacht, Prinzessin" in den Schlaf wiegt und küsst.

Der Bund der Ehe , geschlossen in Amorbach an einem 29. Februar

Sowohl der Ort der Heirat wie auch das Datum, die der Prinz bestimmt und damit die Prinzessin mehr als überrascht hatte, konnten symbolträchtiger nicht sein. Einerseits ein kleiner, heimeliger und doch lebhafter Ort mit sympathischen Bewohnerinnen und Bewohnern, der das lateinische Wort für „Liebe" in ihrer ursprünglichsten Form in seinem Namen trug und andererseits ein doch sehr außergewöhnlicher Tag in einem Schaltjahr.

Der Prinz und „seine" Prinzessin, die mit der Eheschließung nun seine Königin war, schwebten auf Wolke „Sieben" in einem äußerst romantischen Gutshof, der ihre kleine und intime Feier ohne größere Gästescharen beherbergen sollte.

Zudem hatten beide erkannt, dass sie sich nicht nur auf ihre Liebe und sich selbst konzentrieren mussten, sondern sich mit jungen, humorvollen und vor allem positiv denkenden Menschen umgeben mussten, um daraus immer wieder neue Kraft und Lebenslust zu schöpfen, was ihnen auch über viele Jahre hinweg gelang.

Auch heute noch, fast 18 Jahre nach ihrem ersten Zusammentreffen am „Schwäbischen Meer" leben der Prinz und die Prinzessin zusammen und glücklich in ihrem eigenen kleinen Schloss auf dem Land, das sie sich gemeinsam aufgebaut hatten und erfreuen sich an ihrer Zweisamkeit und der schönen Natur ihrer neuen Heimat.

Ferner haben beide gelernt, dass ein stets offenes Ohr wichtiger ist als eine offene Geldbörse, Gefühle und Glück wichtiger sind als Gewinnstreben und Geilheit nach Macht und Geld , Menschlichkeit wichtiger ist als Modebesessenheit und Marktorientierung und Glaube, Liebe, Hoffnung und Zusammenhalt auch in kritischen Lebensphasen wichtiger sind als Aktienkurse, Renditen, Gewinnanteile und Immobilienwerte.

Der Prinz und die Prinzessin wünschten und wünschen sich nichts sehnlicher, als dass diese Leitlinie quasi als „Vermächtnis und Fazit" ihrer Liebe und ihres Glücks als

„Moral aus der Geschichte des Prinzen und der Prinzessin" dienen möge.

Ferner soll ihre Geschichte gerade in der heutigen, schnelllebigen Zeit möglichst vielen Frauen und Männern, einfachen Menschen und auch den Mächtigen Orientierung, Kraft, Lebensmut und die

Erkenntnis geben, dass es weitaus Wichtigeres im Leben gibt als Gewinnmaximierung, hohes Einkommen oder den Besitz von unzähligen Kreditkarten, Immobilien und vermeintlich schönen Utensilien wie Sportwägen und ständig schönheitsoptimierten jungen Partnerinnen, Geliebten oder aber Ehefrauen.

Ihr Ulrich Esenwein

Mariella Heyd

Bild Mariella Heyd (Fotograf: Mariella Heyd)

Mariella Heyd ist im Rahmen ihrer akademischen Laufbahn in den Sektoren Gesundheits-, Sozialwissenschaften sowie Management aktiv. Im zentralen Qualitätsmanagement einer deutschlandweit agierenden Unternehmensgruppe ist sie u. a. als Dozentin für Führungskräfte und organisatorisch sowie konzeptionell für ein Traineeprogramm der Nachwuchsführungskräfte in der Pflegebranche tätig. Diese Fachexpertise kombiniert sie mit ihrem Wissensspektrum aus den Bereichen toltekischer Psychologie sowie

Ethnomedizin. Aktuell publiziert Mariella Heyd für verschiedene Publikumsverlage. 2017 wurde sie für ihre Expression im Kontext der Fantasyliteratur im Hinblick auf die Sensibilisierung der Gesellschaft für existenzielle Lebensthemen auf der Leipziger Buchmesse mit dem Indie Autor Preis ausgezeichnet.

Die (un-)endliche Geschichte unseres Lebens

„Die Geschichte unseres Lebens scheint , weil wir uns nicht vorstellen wollen, dass es eines Tages einfach vorbei ist. Wir blättern in längst abgeschlossenen Kapiteln und vergeuden kostbare Zeit, die wir nutzen sollten, um auf den leeren Seiten ein Happy End zu kreieren."

„Es war einmal eine kleine Schwester, die an einem Samstagabend betrübt zuhause saß. Solltest du nicht ausgehen und dein Singleleben genießen? Du kannst froh sein, dass du diesen Typen los bist. Ich mochte ihn sowieso noch nie. Er war so – aalglatt. Stell dir vor, du hättest die Sache erst nach der Hochzeit herausgefunden oder wenn du ein Kind von ihm erwartet hättest." Felizitas wurde nicht müde, Bastienne darauf hinzuweisen, dass sie solo war. Ein Zustand, mit dem sie in diesem Leben nicht mehr gerechnet hatte. Wie sie das genießen sollte, war ihr ein Rätsel. Den Besichtigungstermin mit dem Makler für das Häuschen mit Kinderzimmer und Garten hatten Tom und sie verstreichen lassen und die Absage ihrer Hochzeit wurde per WhatsApp verkündet – zur Überraschung aller geladenen Gäste, die von der plötzlichen Trennung des „Vorzeigepaares" völlig überrumpelt wurden und Bastienne seitdem mit Fragen löcherten.

Auch ohne ständige Nachfragen war es schwer genug für sie, das ganze Szenario selbst wahrhaben zu müssen und zu verarbeiten. Da brauchte es nicht noch Bekannte und Verwandte, die in den seltenen ruhigen Momenten, die sie seitdem hatte, in der Wunde bohrten. Ihre Bitten um Verständnis und Diskretion wurde von den neugierigen Ex-Gästen damit quittiert, dass einige Bastienne die Freundschaft kündigten, weil sie sich angeblich so verändert habe und abweisend sei. Das war das sagenumwobene Tüpfelchen auf dem I in der ganzen Misere.

Anstelle von Kind, Hund und Eigenheim saß sie nun ohne Job und Einkommen auf dem Sofa ihrer Schwester fest und musste sich nachts mit leeren, knisternden Schokoriegel-Verpackungen herumärgern, die Felizitas Tochter Aurora zwischen den Polstern versteckt hatte, damit man sie nicht des heimlichen Naschens überführen konnte.

„Sehe ich so aus, als wäre mir nach Feiern zumute?"

„Ehrlich gesagt: Nein. Du siehst aus, als hättest du seit Monaten weder das Haus noch deine Jogginghose verlassen." Felizitas schenkte ihr Wein nach. Die bordeauxrote Flüssigkeit rann ölig am Bauch des Glases hinab.

„Was ja auch stimmt. Cheers." Bastienne prostete ihr zu.

„Auf dich, Schwesterherz." Felizitas hob ihr Glas in die Höhe.

„Lieber auf dich. Bei mir gibt es nichts anzustoßen. Ich bin eher die, die aneckt, weil sie ihren fulminanten Misserfolg auf ganzer Linie nicht in allen Details hinausposaunen will, damit sich andere an meinem Unglück laben und sich noch toller fühlen als sie sind." Bastienne rollte mit den Augen.

„Basti, ich kann verstehen, dass die Trennung und der Rauswurf aus seiner Firma ein Schock für dich war, aber langsam aber sicher solltest du wieder nach vorne schauen." Sie sah Bastienne mitleidig an.

„Ich stehe vor dem Nichts. Vor dem *Nichts*. Verstehst du das denn nicht? Ich habe nicht nur meinen Partner und meine Arbeit verloren, sondern alles. Alles, was ich für meine Zukunft geplant hatte, ist den Bach runter gegangen und nun stehe ich da mit leeren Händen. Ich habe jahrelang als Toms Sekretärin gearbeitet und das gemacht, wozu er keine Lust hatte; Buchhaltung und all der Kram. Wer soll mich denn jetzt noch als Fachfrau für Werbepsychologie einstellen? Erstens habe ich kaum Berufserfahrung und die, die ich habe, liegt bestimmt sechs Jahre zurück. Zweitens habe ich nicht einmal ein Arbeitszeugnis von Tom bekommen und eines ist sicher: Ich werde ihn nicht um eines bitten, dass mir dann auch noch seine Neue ausstellt." Sie schnaubte auf bei dem Gedanken daran. Die zierliche Brasilianerin hatte sich schneller Bastiennes Büro unter den Nagel gerissen, als Frauen die neueste Designer-Kollektion bei H&M.

Bevor Felizitas weitere Motivationsversuche starten konnte, klingelte es an der Wohnungstür.

„Das ist dann wohl dein Zeichen zum Aufbruch. Viel Spaß auf der Party", wünschte Bastienne ihrer Schwester, die schon nach ihrer Tasche griff. An ihrem Fluchtinstinkt konnte Bastienne ablesen, dass auch Felizitas ihres Selbstmitleids überdrüssig wurde.

„Wenn ich niemanden bräuchte, der auf Aurora aufpasst, hätte ich dich jetzt gegen deinen Willen mitgeschleppt, damit du mal wieder unter Leute kommst."

„Gepriesen seist du Aurora!", rief Bastienne mit theatralischer Geste aus. Auf einen Abend mit glücklich Verheirateten, frisch Verlobten, Schwangeren und beruflich erfolgreichen Frauen konnte sie gerade sehr gut verzichten. Die Frage: „Und, was machst du so?", war ihr so unliebsam, wie dem Teufel das Weihwasser. Ihr Selbstbewusstsein hatte sich, auch ohne den Spiegel vorgehalten zu bekommen, schon vor Wochen verabschiedet, als eine Jobabsage nach der nächsten eingetrudelt war. Schlimmer als jede Rechnung, war ein Brief mit den Worten: „Vielen Dank für Ihr Interesse an unserer Stellenausschreibung. Leider müssen wir Ihnen mitteilen, dass ..."

Die Haustür fiel ins Schloss und Ruhe kehrte ein. Nur noch das Brummen des Kühlschranks und die Geräusche von Autoreifen auf regennassem Asphalt zwei Stockwerke unter ihr waren zu hören. In einem Zug leerte Bastienne das Glas und stellte es in die Spüle. Tom hatte ihr durch seine Affäre, die sich zu allem Überfluss offenbar als seine große Liebe entpuppt hatte, ihre ganzen Zukunftsträume geraubt. „Ich stehe echt vor dem Nichts."

***

Als es allmählich Nacht wurde und Bastienne es sich auf dem Sofa gemütlich machen wollte, welches sie nun schon seit knapp vier Monaten in Beschlag nahm, tauchte die schlaftrunkene Sechsjährige auf; ein Buch unter ihren rechten Arm geklemmt und zu linker Hand ihre Kuscheldecke. „Basti, ich kann nicht schlafen. Kannst du mir etwas vorlesen?"

Obwohl es schon kurz vor Mitternacht war, lagen sie wenige Minuten später gemeinsam in Auroras Kinderbett – einer Geschmacksverirrung aus rosafarbenen Glitzerfeen, die nur einem Kind gefallen konnte. „Wollen wir wirklich mit der unendlichen

Geschichte beginnen? Die ist...", Bastienne drehte das Buch in ihren Händen hin und her und begutachtete den Umfang, „ziemlich unendlich für eine Gute-Nacht-Geschichte."

Aurora nickte dennoch überzeugt. „Ja, wollen wir."

Da man gegen den unbeugsamen Willen von Kindern bekanntlich machtlos ist, schlug Bastienne die erste Seite auf. „Na gut. Legen wir los. Antiquariat, Inhaber: Karl Konrad Koreander. Diese Inschrift stand auf der Tür eines kleinen Ladens ..."

„Und Bastian fühlte bei jedem Schritt, wie die Angst in ihm zunahm."

„Wieso versteckt sich der Junge denn ständig und hat Angst?", funkte Aurora dazwischen. Sie hatte das Glück, ein beliebtes Mädchen zu sein, das bereits am Tag der Einschulung Freundschaften schloss, weil es selbstbewusst und optimistisch auf andere zuging. Zurückweisungen waren ihr fremd.

„Naja, nicht alle Kinder sind so wie du. Manche sind schüchtern, werden dann von stärkeren oder größeren Kindern geärgert und glauben dann noch viel weniger an sich. Wenn man glaubt zu verlieren, dann versteckt man sich besser." In diesen Worten erkannte sich auch Bastienne wieder, denn mit Bastian Balthasar Bux teilte sie nicht nur den Vornamen, sondern auch den Mangel an Selbstvertrauen. Sie wurde im Gegensatz zu ihm jedoch von großen Kindern – Erwachsenen – geärgert, die sie entweder betrogen oder sie nicht einmal zu einem unverbindlichen Bewerbungsgespräch einluden, ohne zumindest einen triftigen Grund zu nennen. Inzwischen wollte sie schon gar keine Unterlagen mehr versenden, denn jede Absage glich einem Schlag ins Gesicht und ihre Glaubenssätze

„Du kannst nichts" und „Dich wird nie wieder jemand einstellen" wurden dadurch nur noch bestärkt. Hatte sie sich anfangs noch darüber geärgert, dass Tom ihr eingetrichtert hatte, dass ihr Studium umsonst gewesen sei, glaubte sie nun selbst daran. Bastian versteckte sich auf dem Dachboden seiner Schule vor der Realität und Bastienne in der Wohnung ihrer Schwester.

***

Seit jenem Abend forderte Aurora ihre Tante täglich auf, ihr aus dem Buch vorzulesen. Felizitas begrüßte dieses neue Hobby, da sie dadurch abends nach einem anstrengenden Tag im Büro bei Wein und Netflix abschalten konnte.

„Das sind doch große, starke Hände. Der Winzling mit seiner Rennschnecke, der Nachtalb, seine verschlafene Fledermaus. Ich konnte sie nicht festhalten. Das Nichts hat sie mir einfach aus den Händen gerissen", las Bastienne vor.

„Das ist so traurig", murmelte Aurora und kuschelte sich an sie. „Ich mochte die Rennschnecke."

„Ja, ich auch." Bastienne schloss für einen Moment die Augen. Das Nichts kam auch ihr bekannt vor. Auch sie hatte das Gefühl, vom Nichts mitgerissen zu werden. Dabei war sie nie so gewesen. Sie hatte sich nie hilflos, ausgeliefert oder mit einer Situation überfordert gefühlt. Stets hatte sie alles im Griff, war eine Macherin gewesen mit großen Plänen, die auch bei Veränderungen direkt einen Plan B zückte und nun erkannte sie sich selbst nicht wieder. Seit der Trennung verließ sie kaum noch das Haus, ihre Jeans passten ihr schon nicht mehr, weil sich Tiefkühlpizza und Cola rächten und die letzte Aufforderung vom Arbeitsamt einen Termin zu vereinbaren, verlangte nur nach noch mehr Nervennahrung. Es gab keinen Plan B und auch keinen Plan C. Die Lage war aussichtslos. Ohne Berufserfahrung keine Arbeitsstelle und ohne Job keine Wohnung. Wer vermiete schließlich an eine Frau, die kein sicheres Einkommen nachweisen konnte?

„Wenn Bastian und Adreyu jetzt nicht schleunigst etwas tun, dann wird Phantasien untergehen", holte Aurora sie wieder aus ihren tristen Gedanken zurück.

„Was sollen sie denn deiner Meinung nach tun?"

„Na, Hauptsache nicht nichts." Sie zuckte mit den Schultern, als sei dies das Logischste auf der Welt. „Das ist es doch, was das *Nichts* will: dass *nichts* getan wird."

„Wie recht du hast." Bastienne ließ die wahren Worte ihrer Nicht nachhallen und ahnte, dass sie sich selbst im Weg stand und es alleine in ihren Händen lag, wenn auch kleiner und weniger stark als die des Steinbeißers, wie es für sie weiterging. Hatte sie nach drei Bewerbungen wirklich schon aufgegeben und seitdem einfach nichts mehr unternommen? Durch Nichtstun schaffte sie selbst das Nichts.

***

In den darauffolgenden Tagen arbeitete Fabienne derart verbissen an ihren Bewerbungsschreiben, dass man sie gut und gerne mit dem Steinbeißer hätte verwechseln können. Sie kontrollierte jede DIN-Norm, posierte für neue Fotos und kaufte Mappen sowie dickes Papier, das wesentlich wertiger wirkte als das günstige. Impression-Management lautete das Wort der Stunde. Im Internet und in Zeitungen hielt sie nach potenziellen Wohnungen Ausschau und der Stellenmarkt wurde zu ihrem neuen Schaufensterbummel.

Jedoch blieben alle Initiativen ohne Erfolg. Sie erhielt zwar die Zusage zu einem Vorstellungsgespräch für den Bereich Online-Marketing einer lokalen Agentur, wurde aber prompt in ihre Schranken verwiesen. Mit den ihr bekannten Vorgehensweisen konnte sie nicht punkten. Stattdessen erweiterten sich die Punkte ihrer „Davon habe ich noch nie gehört"-Liste um SEM, SEO, SEA, Insights und viele weitere. Wahrscheinlich war sie in der Mittagspause die Lachnummer gewesen. Die Absage war ihr so sicher wie das Amen in der Kirche.

„Ich stehe nicht nur vor dem Nichts – ich bin ein Nichts. Adreyu hätte angesichts meiner Lage sofort das Handtuch geworfen."

„Wovon redest du?"

„Ach, vergiss es. Feli, du kannst dir nicht vorstellen, wie inkompetent ich mich gefühlt habe. Ich dachte, Instagram ist was für junge Mädchen, die mit Make-up Geld verdienen und berühmt werden wollen, wie all diese YouTuber. Woher hätte ich wissen sollen, dass es aktuell für viele Unternehmen *das* Marketing-Instrument schlechthin ist? Bei diesem ganzen Influencer-Wahnsinn macht glatt mein Immunsystem schlapp. Wahrscheinlich liege ich morgen mit einer Influenza im Bett. Dann kann ich sowieso nichts mehr machen. Wer weiß, vielleicht sterbe ich sogar. Dann muss ich mir wenigstens keine Sorgen mehr machen, was viraler Content ist und wie es mit mir weitergehen soll."

Felizitas runzelte die Stirn angesichts des Häufchen Elends, das da vor ihr auf dem Sofa kauerte und sich an eine Tasse Tee klammerte. „Nun steck den Kopf nicht in den Sand. Das wird schon werden."

„Du hast leicht reden. Geh ein paar Schritte in meinen Schuhen und dann reden wir weiter. Da ist rein gar nichts, worauf ich etwas aufbauen könnte. Alles, was ich als Grundlage hatte, ist weg und damit auch alles, wovon ich geträumt habe." Ihre Gedanken schweiften wieder zu dem vermasselten Vorstellungsgespräch und den irritierten Blicken ihres Gesprächspartners, der offensichtlich kaum glauben konnte, dass eine Werbefachfrau im Jahr 2021 noch nie von Suchmaschinenmarketing gehört hatte. „Ich habe das doch alles nicht gelernt, damals im Studium. Das gab es einfach nicht. Und bei Tom war ich die Kaffeeschubse. Da war das, was ich gelernt habe, irrelevant."

Felizitas hob Bastiennes Füße auf ihren Schoß und begann sie zu massieren. „Ja, das stimmt. Genau so *war* es. Zum damaligen Zeitpunkt *war* das auch alles richtig, weil du davon ausgegangen bist, dass seine Firma expandiert und du dort eine gute und sichere Position an seiner Seite hast. Du konntest ja nicht wissen, wie sich die Zukunft entwickelt. Das ist jetzt nicht anders oder kannst du etwa hellsehen? Also hör auf, dich ständig auf die Vergangenheit zu konzentrieren und schau nach vorne. Niemand sagt, dass du heute genau das tun und dir genau das für deine Zukunft wünschen musst, was du damals im Sinn hattest. Andere Zeiten, andere Sitten. Wenn ich mich recht erinnere, warst du während meiner Scheidung diejenige, die immer gesagt hat, dass man situativ auf Veränderungen reagieren muss, indem man seine Strategie anpasst und wenn nötig immer wieder reflektiert, korrigiert, optimiert, damit man nicht stehen bleibt. Trial and error, weißt du noch?"

„Gar nicht so leicht, nach vorne zu schauen, wenn da weit und breit nichts zu sehen ist. Wenn ich zurückblicke, war da wenigstens etwas – wenn auch nichts Gutes." Etwas war immer noch besser als das blanke Nichts. Entmutigt zog sie sich die Decke über den Kopf und hoffte, dass Felizitas sie nun in Ruhe lassen würde.

***

In der Nacht träumte Bastienne von einer Höhle. Sie riss sich von den Ketten los, die an ihren Armen und Beinen befestigt waren und stürmte in Richtung Ausgang. An den Pforten standen die Sphinx-Statuen des südlichen Orakels und sie hörte sich, Bastian zitierend, schreien: „Aber es ist doch nur eine Geschichte, keine Wirklichkeit, nur eine Geschichte!"

Als sich die milchige Morgensonne durch die Spalten des Vorhangs kämpfte, wälzte sich Bastienne von links nach rechts. Der Traum ließ ihr keine Ruhe. Unweigerlich musste sie an Platons Höhlengleichnis denken. Diejenigen, die mit dem Rücken zum Ausgang in der Höhle saßen und nur das Schattenspiel an der Wand beobachten konnten, waren davon überzeugt, dass dies ihre ganze Welt sei. Das war ihre Wirklichkeit. Sie kannten die Realität vor den Toren der Höhle nicht und hätten sie auch nie für möglich gehalten, weil ihre Wirklichkeit ausschließlich auf dem Ausschnitt ihrer eingeschränkten Wahrnehmungen und den darauf basierenden Vorstellungen beruhte. Alles, was darüber hinausging, war unvorstellbar – und doch real.

„Was, wenn ich auch nur diesen einen Ausschnitt meiner Lebensrealität sehe und den Rest nicht? Was, wenn ich mich in etwas verrannt habe?" Bastienne begriff, dass auch sie ihre Wirklichkeit selbst gestalten konnte. Wenn sie sich wie eine Versagerin fühlte, dann nur, weil sie selbst glaubte, eine zu sein. Nach einer Tasse Kaffee nahm sie sich vor, eine neue Wirklichkeit zu schaffen. Sie tauschte alte Glaubenssätze gegen Mut machende Aussagen: „Ich kann das. Ich schaffe das. Ich werde zum social media Experten." Sie feuerte sich an wie Bastian Adreyu am südlichen Orakel. Wie Bastian, der in Wahrheit seinen inneren Helden anfeuerte, welchen er nur noch nicht wahrhaben wollte.

Bastienne erinnerte sich, dass sie schon früher immer die Nase vorne hatte und gut darin war, sich schnell neues Wissen anzueignen; wenn sie es nur wollte. Ihr stand kein „Wenn ich könnte, wie ich wollte ..." im Weg, sondern ein „Wenn ich wollte, wie ich könnte". Sie musste wieder lernen, Dinge zu wollen und dafür einzutreten.

In den kommenden Wochen verbrachte Bastienne viel Zeit in Büchereien, besuchte Webinare und legte sich einen Instagram-Account zu. Sie lernte Filter und Hashtags kennen, schaltete Werbeanzeigen, definierte Zielgruppen und kreierte ihre ersten Reels. Es dauert nicht lange und sie konnte erste Erfolge verbuchen: Die Zahl ihrer Follower und die Likes schnellten in die Höhe. Nur ein Job war trotz aller Anstrengungen noch immer nicht in Aussicht.

***

Eines Abends, als Bastiennes Schwester wieder einmal mit ihren Freundinnen aus war, tauchte Aurora im Türrahmen auf. Anklagend hielt sie „Die unendliche Geschichte" in die Höhe. „Wir haben das Buch nicht zu Ende gelesen."

Bastienne konnte sich der enttäuschten Kinderaugen nicht erwehren, packte ihre Fachliteratur zur Seite und folgte Aurora in ihr Kinderzimmer.

„Basti, warum geht Phantasien überhaupt kaputt?"

„Naja, hier steht es: ‚Weil die Menschen anfangen, ihre Träume zu vergessen und ihre Hoffnungen zu verlieren.' Phantasien braucht die Träume der Menschen, um zu existieren. Die Welt, in der wir leben und die geistige Welt der Ideen, also Phantasien, bedingen sich gegenseitig. Ohne unsere Fantasie können wir in unserer materiellen Welt nichts Neues schaffen und erschaffen und ohne das, was wir in unserer Welt sehen und erleben, können wir auch keine Fantasien entwickeln."

„Und warum verlieren die Menschen ihre Träume?"

Bastienne zuckte mit den Schultern. „Vielleicht, weil sie enttäuscht wurden. Sie haben an einem Traum gearbeitet und dann ist er geplatzt. Ich glaube, danach fällt es vielen Menschen schwer, neue Träume zu entwickeln. Auch Erwachsene haben Angst, dass sie wieder und wieder enttäuscht werden. Nach einer Enttäuschung schwindet die Hoffnung." Niemand wusste das so gut wie sie.

Aurora presste die Lippen aufeinander, als wolle sie die sich formenden Worte auf ihrer Zunge davor zurückhalten, ausgesprochen zu werden. Bastienne erkannte sofort, dass mehr dahinter steckte.

„Los, spuck es schon aus." Sie knuffte die Kleine in den Arm.

Aurora druckste herum, bis sie endlich den Mut fand, zu sprechen. „Ich habe gehört, wie Mama am Telefon zu ihrer Freundin gesagt hat, dass du so leer wirkst. So als hättest du gar keine Hoffnung mehr."

So war das also. Hinter ihrem Rücken tratschte Felizitas über sie, aber Bastienne konnte es ihr nicht übel nehmen. Ihre Schwester machte sich Sorgen und sagte überdies die Wahrheit: Bastienne fühlte sich noch immer hoffnungslos. Sie tat zwar inzwischen mehr und mehr für ihren Erfolg, glaubte jedoch selbst noch nicht daran. Wie sollten es dann andere tun? Wie wollte sie so einen Arbeitgeber überzeugen? Sie eilte von einer Niederlage zur nächsten, wenn man einmal von den inzwischen vierzigtausend

Followern absah, die täglich auf Instagram ihre Bilder „aus dem Leben einer Singlefrau" kommentierten und teilten.

***

Nach vielen gemeinsamen Lesestunden näherten sich Bastienne und Aurora den letzten Zeilen. „Aber das ist eine andere Geschichte und soll ein andermal erzählt werden." Bastienne schloss das Buch. „Ende."

„Die Geschichte ist ja gar nicht unendlich", empörte sich Aurora und wirkte so enttäuscht, als habe man ihr gerade offenbart, dass es den Weihnachtsmann nicht gibt. Das konnte und wollte Bastienne nicht so stehen lassen. „Doch, ist sie; in unserer Fantasie. Phantasien wächst durch die Fantasie der Kinder, auch durch deine. Somit ist die Geschichte unendlich."

„Aber das Buch ist zu Ende. Es müsste weitergehen, wenn die Geschichte wirklich unendlich wäre." Suchend blätterte sie die letzten Seiten mit Leseempfehlungen um.

„Die Fantasie des Autors war am Ende, aber alle Kinder, die diese Geschichte lesen, werden neue Figuren erfinden und dadurch wird Phantasien weiterleben. Wenn du so willst, dann schreibt jedes Kind ein weiteres Buch über Phantasien in seinem Kopf, es wird nur nicht gedruckt."

„Dann schreibe ich jetzt meine Geschichte über Phantasien und erfinde einen rosa Fuchur."

„Aber den gibt es doch schon."

„Dann eben einen Nachtalb mit Eule statt Fledermaus."

Aurora zählte viele weitere bekannte Figuren auf, doch Bastienne stoppte sie immer wieder. Nichts, was Aurora „erfand" war tatsächlich neu. All ihre Ideen und Figuren existierten bereits. Aurora griff in ihrer Verzweiflung nach dem Buch und blätterte durch die Kapitel, auf der Suche nach Neuem. Bastienne beobachtete sie dabei und erkannte, dass all ihre „Erfindungen" auf dem fußten, was das Mädchen schon einmal gesehen oder gehört hatte. Aurora orientierte sich nur an Altbekanntem und dadurch konnte nichts vollkommen Neues entstehen. Und das, obwohl die Fantasie eines Kindes doch so ausschweifend und grenzenlos ist, dass es spielend leicht neue Fantasiewesen zum Leben erwecken könnte. Bastienne lernte dadurch auch etwas Wertvolles über sich selbst, nämlich dass auch sie sich nur auf die Vergangenheit fokussierte und auf das, was war, was hätte sein können, aber niemals sein würde. Auf diese Weise würde sie niemals eine realistische Zukunftsvision entwickeln, denn Tom und alles, was sie mit ihm zurückgelassen hatte, war Geschichte.

„Meine Güte", dachte sie, „Die unendliche Geschichte ist unendlich, aber die Seiten unseres Lebens, um unseren Teil der Geschichte beizusteuern, sind begrenzt." Die Erkenntnis durchfuhr sie wie ein Blitz: Die Geschichte unseres Lebens ist vermeintlich unendlich, weil wir uns nicht vorstellen wollen, dass es eines Tages einfach vorbei ist. Deshalb blättern wir in längst abgeschlossenen Kapiteln umher und vergeuden kostbare Zeit, die wir nutzen sollten, um die Seiten zu füllen, die noch nicht beschrieben sind, um unser Happy End zu formulieren – bevor es zu spät ist und wir unverrichteter Dinge „Lebwohl" sagen.

Sie erinnerte sich an ihren Traum und daran, dass der Mensch sich an das klammerte, was er wusste und folglich nicht an das, was er nicht wissen konnte. Wie sollte man auch nach etwas Ausschau halten, von dem man nicht wusste, dass es existiert, dass es möglich ist.

Menschen, die in die Zukunft schauten, blickten stets ins Nichts – denn die Zukunft existierte noch nicht. Um Ideen und Vorstellungen rund um einen Zukunftsentwurf zu kreieren, wie es einmal sein könnte, orientierten sich alle an ihrer Vergangenheit und daran, was sie kannten, was sie besaßen, was sie erlebt hatten und was sie davon in ihrem weiteren Leben vermehren oder verbessern wollten. Grundstock für jede Zukunftsvision war und ist stets die eigene Vergangenheit. Eine Blockade, durch welche die meisten Menschen nie etwas völlig Neues wagen, weil sie ihre Möglichkeiten abseits des Bekannten nicht sehen.

Mit einem Mal schien Bastienne das Nichts, vor dem sie die ganze Zeit stand, gar nicht mehr so bedrohlich. Jeder Neuanfang beginnt mit dem Nichts, sonst wäre er ja nicht neu, sondern nur eine Fortsetzung dessen, was war und ist. Auch in der unendlichen Geschichte war der Anfang dunkel, nachdem Bastian der kindlichen Kaiserin ihren Namen gab. Phantasien stand vor dem Nichts – mitten im Nichts – und gleichzeitig vor einem wundervollen Neubeginn.

Bastienne erkannte, dass sie an der Vergangenheit hing, weil das alles war, was sie je gesehen hatte. Sie hatte verlernt, dem Undenkbaren, dem Unglaublichen und noch nie dagewesenen Zutritt zu ihrer Fantasie zu verschaffen. Sie spürte, dass sie alleine mit ihrer grenzenlosen Fantasie als Schöpferkraft ihre Zukunft völlig frei und losgelöst von den Fängen der Vergangenheit gestalten konnte. Das Nichts verwandelte sich plötzlich zu ihrem Freund, der ihr leise zuflüsterte: „Du kannst alles sein, was du willst, denn alles was war, muss nicht mehr sein."

Sie wollen wissen, ob Bastienne Influencerin, erfolgreiche Werbefachfrau oder Dompteurin im Zirkus wurde? Vielleicht. Alles ist möglich. Aber das ist eine andere Geschichte und soll ein andermal erzählt werden.

Ihre Mariella Heyd

Daniela Landgraf

Bild Daniela Landgraf (Fotograf: Annika Neuschel, Anninephotography)

Daniela Landgraf, geboren 1972, ist Coach, Trainerin, Autorin und Vortragsrednerin. Spezialisiert hat sie sich vor allem auf die Themen Selbstwert und mentale Stärke infolge Ihrer eigenen Lebensgeschichte. Sie ist aufgrund Ihres Tourette-Syndroms selbst durch die "Selbstwerthölle" gegangen und weiß aus eigener Erfahrung, wie sehr Selbstzweifel und Minderwertigkeitskomplexe dem Lebensglück entgegen stehen können.

Im Ursprung kommt sie aus der Finanzbranche und war dieser fast 30 Jahre lang treu – als Beraterin, Vertriebsleiterin, Dozentin, Trainerin, Coach und als IHK-Prüferin. Sie kann auf zahlreiche Qualifikationen blicken, z.B. Finanzfachwirtin (IHK), Betriebswirtin, Personal Coach (IHK), Train the Trainer (IHK), Heilpraktikerin für Psychotherapie, Professional Speaker GSA (SHB) und viele andere. Seit einigen Jahren coacht sie auch Führungskräfte und Mitarbeiter aus diversen anderen Branchen und steht mit ihren Impulsvorträgen regelmäßig auf der Bühne.

Mehr auf https://danielalandgraf.de

Luisa und die sieben Selbstwert-Learnings!

„Wunder geschehen, wenn wir bereit sind, sie zu sehen. Auch bei Schneewittchen ist am Ende ein Wunder geschehen. Doch zuvor zeigt uns dieses Märchen vieles zu den Themen Narzissmus, Empathie und Selbstwertmangel auf. Bist du Opfer oder Gestalter deines Lebens? Siehst du die Chancen oder die Hindernisse? Und wie kann das Märchen von Schneewittchen auf die heutige Zeit übertragen werden? Welche unterschwelligen Learnings wir aus dem Märchen Schneewittchen mitnehmen können, das wird in „Luisa und die sieben Selbstwert-Learnings" verraten."

Doch nun zu Luisa und ihrer Stiefmutter Claudia...

Es war einmal vor nicht allzu langer Zeit. Da übernahm Claudia das Unternehmen ihres 25 Jahre älteren Mannes! Nicht nur, dass er ihr ein treuer, liebevoller Ehemann ist, er bot ihr auch noch die berufliche Chance ihres Lebens, denn er wollte in den Ruhestand gehen.

Sein Finanzdienstleistungsunternehmen war sehr erfolgreich, allein in ihrer Heimatstadt gab es drei Filialen. Bundesweit wurden mehr und mehr Filialen eröffnet.

Claudia musste gar nicht viel tun, denn die Filialen liefen weitestgehend autark. Sie durfte die eingehenden Gelder verwalten und Provisionen an die Mitarbeiter auszahlen. Ein toller Job!

Des Weiteren wurde sie von den Mitarbeitern des Unternehmens hofiert. Mit ihren 45 Jahren sah sie noch ausgesprochen attraktiv aus. Viele Stunden am Tag widmete sie sich ihrer Schönheit und genoss die Komplimente sehr, die sie bekam.

Kooperationspartner, Mitarbeiter und Kunden – sie wickelte alle um ihren Finger und war sich ihrer Ausstrahlung, Schönheit und vor allem ihrer Macht im Unternehmen sehr bewusst.

Sie genoss ihre Rolle sehr!

Wenn da nicht dieses kleine Biest von Tochter aus erster Ehe ihres Mannes wäre. Sie hasste Luisa vom ersten Tag an. Sie war schon als Kind so wunderschön. Und nicht nur das! Intelligent war sie auch noch. Sie zog Menschen nur durch ihre Anwesenheit in den Bann. Sie strahlte so sehr von innen heraus. Zum Glück war sie sich selbst ihrer Ausstrahlung nicht bewusst. Claudia hatte auch keine Gelegenheit ausgelassen, Luisa immer wieder zu zeigen, dass sie sie aus tiefstem Herzen ablehnt, denn sie spürte schon seit Jahren, dass Luisa ihr gefährlich werden könnte. Dieses Gefühl wurde immer stärker, seit Luisa in das Unternehmen des Vaters mit eingestiegen ist.

Immer häufiger hörte sie: „Claudia – Sie sind die Schönste und Beste hier! Doch Luisa ist noch tausendmal schöner und besser als Sie hier!"

Sie musste Luisa loswerden – koste es, was es wolle. So fing sie an, Unwahrheiten zu verbreiten. Über Luisa bei den Kollegen und beim Vater, sowie umgekehrt. Sie spielte mit Informationen, streute sie subtil und gezielt. Sie manipulierte, wo sie konnte. So gab sie Luisa zum Beispiel bewusst falsche Informationen über Kunden, so dass sie dort im Kundengespräch versagte. Dem Vater von Luisa wiederum erzählte sie, wie schlecht sich Luisa vorbereitet hätte und wie unkonzentriert sie sei.

Claudia wusste: Sie würde erst wieder glücklich werden, wenn Luisa verschwand und sie wieder die Nummer 1 im Unternehmen war.

Sie überzeugte ihren Mann davon, wie sinnvoll es wäre, wenn Luisa erst einmal in einem anderen Unternehmen arbeiten würde. So kam es, dass Luisa das Unternehmen verlassen musste. Ihr Vater war so enttäuscht von Luisa, dass er sich zurückzog und zu keinem Gespräch mehr bereit war.

Luisa war totunglücklich. Wo sollte sie hin. Sie fühlte sich als Versagerin. Egal, wie gut und gewissenhaft sie sich auf Gespräche vorbereitet hatte, irgendwie war es nie gut genug. Es fehlten plötzlich Informationen, von denen sie fest überzeugt war, dass sie sie in der Vorbereitung zusammengestellt hatte. Doch im Gespräch fehlten diese in der Mappe. Es gab massive Kundenbeschwerden über sie. Sie hat ihren Vater zutiefst enttäuscht. Er wollte erst wieder mit ihr sprechen, wenn sie es schaffte aus eigener Kraft erfolgreich zu werden. So richtig böse kann sie ihm nicht sein, denn sie weiß, dass durch den Beginn seiner Demenz sein Urteilsvermögen stark eingeschränkt ist.

Sieben Bewerbungsgespräche führte sie. Sieben Mal wurde sie abgelehnt. Ihr Selbstwertgefühl war am Boden zerstört.

Im siebten Unternehmen ging sie in die Kantine und wollte noch etwas essen. Doch statt in der Kantine anzukommen, landete sie gedankenverloren in der Küche.

Ihr war irgendwie alles egal! Sie nahm sich etwas zu essen von einem angerichteten Teller und trank ein Glas leer, welches mit einer Orangenlimonade gefüllt war.

Sie setze sich auf einen Stuhl und schlief am Tisch ein.

Es dauerte nicht lange, da kamen die sieben Mitarbeiter der Kantine aus einer Besprechung zurück. Einer sagte: Hey, da hat jemand von diesem Teller gegessen!

Ein anderer sagte: Was soll denn das? Wer hat meine Orangenlimo getrunken?

Und ein dritter sah Luisa – schlafend auf dem Stuhl! Was für ein wunderschöner Anblick!

Außerdem verirrte sich selten eine Frau in die Kantine. Sie waren bisher ein reiner Männerhaufen.

Luisa wachte auf und erschrak! Doch schnell kamen sie ins Gespräch.

Luisa erzählte davon, wie sie aus dem Unternehmen ihres Papas rausgeflogen sei, dieser vor lauter Enttäuschung nichts mehr mit ihr zu tun haben wollte und sie partout keinen Job fand. Sieben Mal sei sie schon abgelehnt worden!

Die sieben Männer schauten sich an und waren sich sofort einig! Sie könnten gut Unterstützung gebrauchen und eine Frau täte sicherlich dem ganzen Team gut.

Und so kam es, dass Luisa fortan in der Küche half. Sie bekam sogar ein eigenes Dienstzimmer, in dem sie übernachten durfte, bis sie irgendwann etwas anderes finden sollte.

Luisa brachte sich komplett ein. Zunächst putzte sie die ganze Küche, bis sie in neuem Glanz erstrahlte. Später machte sie das Gleiche in der Kantine. Sie kaufte Blumen und schöne Dinge, mit der sie in der Kantine eine ganz neue Atmosphäre schaffte. Irgendwann fing sie an, auch beim Kochen mitzuhelfen. Die Kantinenbesucher waren begeistert – nicht nur von der neuen Atmosphäre, sondern auch von dem Essen, welches von Tag zu Tag besser wurde, je mehr Luisa sich einbrachte.

Dann fing Luisa an, die Gäste direkt am Tisch zu bewirten. Durch ihre Schönheit und ihre liebevolle Art kamen täglich immer mehr Menschen in die Kantine und sie wurde sogar für Menschen geöffnet, die nicht in dem Unternehmen arbeiteten, zu dem die Kantine gehörte. Die Kantine erlebte einen unglaublichen Zulauf, wurde zum öffentlichen Restaurant und öffnete nach einiger Zeit auch abends für Gäste ihre Pforten.

Eines schönen Tages gab es einen großen Bericht in der Zeitung über das Restaurant und die wundervolle Luisa.

Als Claudia diesen Bericht sah, tobte sie vor Wut! Dieses Biest von Luisa in der Zeitung – und dann noch auf Seite 1! Dann wurde sie auch noch als Schönheit von der Zeitung betitelt! Sie war vor Neid zerfressen, denn sie selbst wollte immer die Schönste von allen sein.

Doch egal, wen sie fragte, sie bekam als Antwort: „Claudia, Sie sind die Schönste hier! Doch ihre Stieftochter ist noch viel schöner, als Sie hier!"

Im Grunde genommen hasste sich Claudia selbst für ihren Neid und ihre Missgunst. Aber sie konnte irgendwie nicht aus ihrer Haut raus.

Sie selbst war Kind einer Mutter, die immer nur im Mittelpunkt stehen wollte. Außerdem schmückte sich ihre Mutter regelrecht mit Claudia, die so hübsch, so talentiert und so toll ist... ganz die Mutter. Doch die Mutter gab ihr auch stets das Gefühl, sie dürfe nie besser werden, als die Mutter selbst.

Claudia erkennt, dass sie ähnliche Verhaltensstrukturen aufweist, wie ihre Mutter, aber genau diese haben sie doch so erfolgreich gemacht!

Sie möchte Luisa gerne ihren Erfolg gönnen, sie kann es aber nicht. Der Neid in ihr tut so weh! Sie erträgt es nicht, wenn andere genau den Erfolg haben, den sie selbst gerne hätte! Sie möchte ebenfalls auf Seite 1 einer großen Zeitung stehen – oder noch besser, auf dem Cover von vielen Magazinen erscheinen.

Dass ausgerechnet Luisa es geschafft hatte, an ihr vorbeizuziehen, war schier unerträglich für sie!

Sie wollte Luisa unbedingt erneut zu Fall bringen! Dazu bedurfte es eines Plans!

Wie gut, dass sie jemanden kannte, der in der Redaktion dieser Zeitung arbeitete, welche die Titelstory über Luisa veröffentlicht hatte. Über diesen Bekannten erhielt sie recht schnell und unproblematisch die Telefonnummer des zuständigen Redakteurs. Sie nahm den Telefonhörer in die Hand und klingelte bei ihm durch. Redakteure lieben Geschichten. Und so erzählte sie dem Redakteur ganz im Vertrauen davon, dass Luisa aufgrund von krummen Geschäften aus dem elterlichen Betrieb rausgeflogen sei.

Nebenbei erwähnte sie, dass die Kunden alles andere, als zufrieden waren mit den Beratungen von Luisa und dass ihr deswegen seinerzeit unbedingt Einhalt geboten werden musste, damit der elterliche Betrieb seinen guten Ruf behielt. Claudia erzählte dem Redakteur, dass sie gerade überlege, wie sie es schaffen könne, den Restaurant-Betrieb vor Luisa zu warnen, denn durch ihre Schönheit und ihr Talent, jeden um den Finger zu wickeln, schaffe sie es, immer wieder Gelder zu veruntreuen und andere gleichzeitig von ihrer Unschuld zu überzeugen.

Am nächsten Tag erschien ein erneuter Artikel in der Zeitung. Schon die Überschrift regte zum Lesen an:

Restaurant-Star Luisa – eine Betrügerin?

Luisa war geschockt! Sie konnte es nicht fassen! Sie rief bei der Zeitungsredaktion an, doch sie blitzte ab. Niemand dort wollte mit ihr sprechen! Es hieß nur, es lägen eindeutige Beweise vor und man müsse die Menschheit vor ihr warnen.

Ihre sieben Kollegen trösteten sie. Sie wüssten, was sie an Luisa haben und sie würden zu ihr halten, egal, was geschrieben wurde. Und Luisas Vergangenheit interessiere sie nicht. Sie sehen, was sie bisher geleistet hat und das sei wunderbar! Sie versprachen, zu ihr zu halten!

Ein paar Tage des Shitstorms vergingen. Das Restaurant lief dennoch weiterhin ausgesprochen gut. Doch es wurde über Luisa geredet – zwei Lager bildeten sich. Sie war für ein paar Tage Stadtgespräch.

Claudia holte indes zum nächsten Schlag aus.

Während ihres Studiums hatte sie eine heiße Affäre mit jemandem, der inzwischen Chefredakteur eines erfolgreichen Magazins ist, welches sich großer Beliebtheit erfreut. Der Name des Magazins ist

Programm: „Sensation". Es ist eines der Magazine, von denen die meisten Menschen behaupten, sie würden es nicht lesen, welches aber dennoch in extrem hoher Auflage gedruckt und auch verkauft wird. In vielen Wartezimmern, Kantinen und sonstigen Warteräumen liegt es aus.

Sie verabredete sich mit Klaus, ihrer Affäre von damals.

Während des Gesprächs erwähnte sie beiläufig, dass sie ja die Stiefmutter von Luisa sei. Was niemand wüsste, sei, dass Luisa ein Verhältnis mit dem Redakteur hatte, der sie auf Seite 1 der Zeitung gebracht hat. Der Redakteur hatte sich übrigens wegen Luisa von seiner Frau getrennt, woraufhin Luisa mit ihm Schluss gemacht hätte. Daraufhin hatte er als Racheakt diese brisanten internen Informationen von Luisa öffentlich gemacht.

Klaus bekam große Augen und noch größere Ohren… und die Titelgeschichte für die nächste Ausgabe seines Magazins war entstanden.

Eines schönen Morgens – der ganze Trubel um die Enthüllung von Luisa war etwas abgeebbt – kam einer der sieben Männer in die Küche. In der Hand hielt er das Magazin mit einem Titelbild von Luisa. Alle schauten geschockt darauf! Sie konnten es nicht fassen, wussten sie doch, dass dieses keinesfalls der Wahrheit entsprechen konnte, denn Luisa war seit Wochen bei ihnen und hatte das Restaurant nur zum Einkaufen verlassen. Das konnte alles nicht sein!

Anrufe in der Redaktion wurden wieder abgewimmelt. Es hieß: Die Informationen kämen aus verlässlicher Quelle. Ein Medienanwalt musste her!

In der Zwischenzeit war Luisa wieder das Stadtgespräch Nummer 1. Was war dran, an den Geschichten? Konnte das alles sein?

Die ersten Stammkunden fingen an, das Restaurant zu meiden. Das alles war ihnen zu viel Klatsch und Tratsch. Eine Frau wie Luisa wollten sie nicht mehr unterstützen. Der Umsatz brach ein.

Indes holte Claudia zum – hoffentlich letzten – Schlag gegen Luisa aus. Claudia genoss ihren Erfolg und den Untergang von Luisa. Viel zu viele Jahre konnte sie so viele Dinge nicht tun, weil ihr Mann stets sagte, das ginge nicht, weil Luisa da sei. Viel zu oft fühlte sie sich neben Luisa als zweite Geige. Nun ist mit ihrem Mann nicht mehr so viel anzufangen. Die besten Jahre hatte sie durch Luisa verloren! Statt durch die Welt zu reisen, musste sie sich mit um ein Kind kümmern, welches gar nicht ihres war! Wieder einmal spürte sie den Hass auf Luisa.

Dieses Mal musste sie noch geschickter vorgehen – drei Menschen mussten involviert werden. Als erstes jemand, dem sie hundertprozentig vertrauen konnte. Die zweite Person sollte aus dem Gesundheitsamt kommen. Und zu guter Letzt durfte auch dieses Mal die Presse nicht fehlen.

Nummer 1 war schnell gefunden. Claudia wusste genau, dass man „Vertrauen" auch erkaufen kann. Wenn die Summe hoch genug ist, dann lassen sich immer Verbündete finden. Und so kam es, dass sie einen ihrer engsten Mitarbeiter, Winfried, davon überzeugen konnte, einen Haufen Kakerlaken in die Küche des Restaurants hineinzuschmuggeln. Gleichzeitig meldete sie beim Gesundheitsamt, dass ihr zu Ohren gekommen sei, wie katastrophal die Zustände in der Küche des Restaurants seien. Sie empfehle, sofort einen Mitarbeiter dorthin zu schicken, denn das mit den Kakerlaken sei wirklich eklig!

Ein Reporter war auch schnell gefunden. Sie feierte sich selbst für ihre guten Kontakte.

Doch wie sollte sie das Ganze koordinieren? Plötzlich hatte sie eine Idee!

Sie wusste, dass am Montag Ruhetag war und Luisa alleine im Restaurant ist. Luisas sieben Kollegen verbrachten den Montag stets zu Hause.

Sie rief Luisa an und verwickelte sie in ein Gespräch. Schließlich wusste sie, wie naiv und gutgläubig Luisa ist. Sie täuschte Interesse an Luisa und ihren Befindlichkeiten vor. Es sei so toll, was sie erreicht habe und das, was in der Presse über sie geschrieben wurde, sei eine große Sauerei! Am Ende fragte sie, was Luisa davon halten würde, wenn sie sich am Montag zu einem Versöhnungs-Kaffee inklusive eines leckeren Stück Kuchens treffen würden? Luisa war begeistert! Sie hatte sich immer sehnlichst gewünscht, von Claudia Anerkennung und Liebe zu bekommen.

Gesagt, getan! Claudia und Luisa saßen am folgenden Montag bei Kaffee und Kuchen zusammen und Claudia gab Luisa das Gefühl, dass sie endlich zueinander finden könnten.

Gutmütig zeigte Luisa Claudia alles – ihr Zimmer, die Küche, wo die Vorräte aufbewahrt wurden usw.

Draußen wartete indes Winfried mit seinem Beutel voller Kakerlaken.

Und drinnen wartete Claudia darauf, dass das Abführmittel, welches sie in den Kuchen getan hatte, endlich seine Wirkung zeigte. Luisa musste irgendwann zwangsläufig für einige Minuten auf die Toilette verschwinden.

Als der Moment gekommen war, musste alles schnell gehen. Winfried übergab Claudia den Beutel mit den Kakerlaken, die sie anschließend in Windeseile überall in der Küche verteilte.

Parallel hatte Winfried bereits den Mitarbeiter des Gesundheitsamtes informiert.

Luisa kam aus dem Bad zurück und sagte zu Claudia, dass es ihr gar nicht gut ginge. Im gleichen Moment klingelte es an der Tür.

Luisa öffnete und lies den Beamten verwundert hinein. Sie führte ihn in die Küche, nachdem er seinen Ausweis vorgezeigt hatte. Zum einen war sie ja nicht allein und zum anderen hatte sie nichts zu verbergen.

Als sie in die Küche kamen traf sie der Schlag! Es war ein einziger Alptraum. Das konnte nicht sein!

Am nächsten Tag konnte man von dem Skandal und der sofortigen Schließung des Restaurants in allen Tageszeitungen lesen.

Das war zu viel für die sensible, harmoniebedürftige Luisa. Sie konnte nicht mehr. Ein ganzes Leben lang fühlte sie sich ungeliebt und nicht gewollt. Schon als Kind merkte sie, dass sie ihrem Vater irgendwie das wahre Glück verbaute. Sie wusste zwar, dass ihr Vater sie über alles liebte, gleichzeitig war er aber unglücklich darüber, dass er Claudia nicht wirklich glücklich machen konnte, denn sie – Luisa – stand irgendwie zwischen den beiden. Claudia lehnte sie genau deswegen ab, was wiederum den Vater unglücklich machte.

Im Unternehmen ihres Vaters hatte sie ebenfalls versagt. Sie war einfach nicht gut genug. Egal, was sie tat, sie hatte immer das Gefühl, es reiche nicht. Dann die ganzen Fehler, die sie sich nicht erklären konnte.

Jetzt fing ihr Leben an, gerade so richtig toll zu werden. Und wieder hatte sie versagt. Sie verzweifelte, schluckte viel zu viele Beruhigungspillen und fiel in eine tiefe Ohnmacht.

Einer ihrer sieben Kollegen fand sie. Der Notarzt war schnell gerufen. Dieser schaute Luisa an und war komplett in den Bann gezogen – von ihrer Schönheit, ihrer Weichheit und ihrer Ausstrahlung. Er konnte direkt vor Ort alle notwendigen Maßnahmen einleiten und blieb bei ihr, bis sie aufwachte. Passenderweise wäre nach diesem Einsatz ohnehin sein Feierabend gewesen.

Luisa wachte auf und blickte in wunderschöne braune Augen. Sie verliebte sich auf Anhieb und wurde schnell wieder gesund. Bereits wenige Wochen später läuteten die Hochzeitsglocken.

Und wenn sie nicht gestorben sind, dann leben sie noch heute – glücklich und voller Liebe!

Epilog – was wir von Schneewittchen bzw. von Luisa und Claudia zum Thema Selbstwert lernen können

Der falsche Spiegel:

Spieglein Spieglein an der Wand – wer ist die Schönste im ganzen Land?

Königin Claudia – Ihr seid die Schönste hier. Doch Schneewittchen, nein, Luisa ist noch tausendmal schöner als Ihr!

Perfektion und Neid!

Claudia kann ihre eigene, innere Schönheit nicht sehen. Im Spiegel sieht sie nur die äußere Schönheit, auf die sie sich selbst reduziert. Gerade, weil sie sich auf diese Schönheit reduziert, muss alles perfekt sein. Doch dann ist da noch das Schneewittchen bzw. Luisa. Es entsteht ein Gefühl der Bedrohung (=Neid) auf Luisa. Sie wird als „Feindin" gesehen. Claudia empfindet ein Gefühl der Ungerechtigkeit darüber, dass Luisa die Schönere ist. Doch Luisa ist nicht nur ein Feindbild wegen ihres Aussehens. Für Claudia stand Luisa irgendwie immer zwischen ihr und ihrem Mann. Vielleicht erinnert Luisa auch zu sehr an die Frau, die ihr Mann mal sehr geliebt hatte. Eifersucht und Neid liegen oft nah beieinander.

Claudia vergleicht nur noch das Thema Schönheit und Intelligenz. Alle anderen Faktoren werden außer Acht gelassen (was macht die eine und was macht die andere besonders wertvoll?). Claudia kann sich selbst nicht als wertvollen Menschen annehmen. Sie braucht die Bestätigung von außen.

Schneewittchen bzw. Luisa wiederum schaut gar nicht erst in den symbolischen Spiegel und kann ihre eigene Schönheit und ihre eigenen Talente deswegen gar nicht sehen. Ihr wird durch Claudia immer wieder gezeigt, dass sie nicht richtig und nicht gut ist. Sie hat das Gefühl, „falsch" zu sein. Sie versucht, es Claudia stets recht zu machen, um Anerkennung und Liebe zu bekommen. Doch diese bleibt aus, egal, wie sehr sich Luisa bemüht. Das Problem von Claudia ist in Wirklichkeit nicht Luisa, sondern das eigene

Selbstwertgefühl, welches nur auf Grund von äußerer Anerkennung aufgebaut ist.

Learning 1:

Vergleich, Perfektion und Neid machen unglücklich.

Worauf schaust Du? Auf Deinen Mangel oder auf das, was Dich ausmacht?

Jeder Mensch ist wertvoll und hat einen eigenen Cocktail aus äußeren und inneren Merkmalen, sowie aus Talenten und Fähigkeiten. Wahre Schönheit kommt übrigens stets von innen!

Learning 2:

Du kannst es anderen nicht immer recht machen! Mach Dein Ding, egal, was die anderen dazu sagen! Irgendwem wird das, was Du machst und sagst ohnehin nicht passen. Stelle Dir stets die Frage: Wessen Leben lebst Du? Tust Du das, was Du gerade machst, für Dich selbst oder machst Du es, um jemand anderem zu gefallen?

Denke stets daran: Bei der falschen Person kannst Du nichts richtig machen. Bei der richtigen Person kannst Du nichts falsch machen (Zitat, Urheber unbekannt).

Die falschen Gefühle

Claudia lebt im Gefühl des Mangels (unabhängig von den äußeren Begebenheiten) und sie macht Luisa dafür verantwortlich. Sie glaubt, sie sei viel glücklicher und alle anderen Probleme würden sich lösen, wenn Luisa verschwunden wäre. Sie projiziert ihre gesamte Unzufriedenheit auf sie.

Learning 3:

Bist Du Opfer oder Gestalter Deines Lebens? Wen oder was machst Du für Dein Leben, Dein Glück oder Dein Unglück verantwortlich? Würde sich an Deinem Gefühl wirklich langfristig etwas ändern, wenn das, was Du für Dein Unglück verantwortlich machst, verschwindet? Oder ist es sinnvoller, dass Du etwas an Deiner Einstellung oder Deiner eigenen Situation veränderst, damit Du mehr Glück empfinden kannst?

Luisa dagegen ist überempathisch, vielleicht sogar hochsensibel.

Sie spürt die Gefühle von Claudia und fühlt sich verantwortlich dafür. Sie hat Schuldgefühle, weil sie merkt, dass sie anscheinend „Schuld daran" ist, dass es Claudia (und in Folge ihrem Vater) schlecht geht. Sie spürt sowohl die Spannungen zwischen ihr selbst und Claudia, als auch den Gewissenszwiespalt ihres Vaters. Das Gefühl, nicht richtig zu sein, wird verstärkt. Sie fühlt sich ungeliebt und abgelehnt, weswegen sie sich letztendlich auch von Claudia rausschmeißen lässt.

Learning 4:

Vor allem hochsensible Menschen spüren die Stimmungen von anderen und fühlen sich häufig sogar für die Stimmung anderer verantwortlich. So manches Mal sind sie von Schuldgefühlen geplagt.

Manch ein Hochsensibler spürt plötzlich Gefühle von Angst, Aggression, Wut, Beklemmung etc. und weiß eigentlich nicht, warum das plötzlich so ist.

Wenn es Dir auch so geht, dann frage Dich in solchen Momenten: Ist es wirklich meins? Gehören diese Gefühle zu mir? Oder: Wem gehört das?

Wenn es nicht zu Dir gehört, dann sende es gedanklich zurück an den Absender. Es sind NICHT Deine Gefühle. Return to sender!

Das falsche Selbstbild

Mit ihrem schlechten Selbstwertgefühl und dem Gefühl, nicht gewollt zu sein kommt Schneewittchen bei den Zwergen bzw. Luisa in der Kantine an.

Um bleiben zu dürfen, arbeitet sie fortan in der Kantine. Sie leistet unglaublich viel und sieht dieses selbst aber nicht! Sie denkt, sie sei nichts Besonderes und kann froh sein, dass sie überhaupt irgendwo aufgenommen wurde. Sie ist sich ihrer selbst und ihren Fähigkeiten nicht bewusst.

Frage an Dich:

Wie gut ist das Bild, was Du von Dir hast?

Wie gut kannst Du zum Beispiel als Selbständige den Preis Deiner Dienstleistungen oder Produkte nennen? Denke bitte immer daran: Ein Kunde kauft Dich nicht wegen Deines Aussehens oder wegen der Qualifikationen, die Du im aufzählst. Er kauft Dich oder Deine Dienstleistung, wenn Du ihn menschlich überzeugst. Wenn Du ihm zu teuer bist, er Dich aber unbedingt engagieren will, dann wird er schon mit Dir verhandeln. Selten wird etwas nur aufgrund des Preises abgelehnt.

Learning 5:

Achte auf Deine innere Stimme! Spricht sie wertschätzend und wohlwollend zu Dir? Lobt sie Dich ab und zu? Oder kritisiert sie Dich? Wie groß ist Dein innerer Nörgler oder Dein innerer Kritiker? Kannst Du selbst sehen und anerkennen, wie wundervoll Du bist?

Learning 6:

Werde Dir Deiner wahren Talente bewusst! Schau auf das, was Dir so selbstverständlich erscheint! Das Gemeine an Talenten ist, dass sie uns häufig nicht bewusst sind. Was uns selbstverständlich und leicht erscheint, kann doch kein besonderes Talent sein, oder? Auf die Idee, dass anderen genau das nicht leichtfallen könnte, kommt die talentierte Person oft gar nicht erst.

Beispiele: Jemandem, dem das Jonglieren mit Zahlen leichtfällt, ist oft nicht bewusst, dass andere das überhaupt nicht können. Einem anderem, dem beispielsweise das Jonglieren von Bällen leichtfällt, empfindet das eventuell auch nicht als etwas Besonderes.

Was fällt Dir ganz besonders leicht? Bist Du eventuell besonders genau und gründlich? Bist Du sehr kreativ oder vielleicht ein Organisationstalent? Wenn Dir nichts einfällt, dann frag andere, welche Talente sie an Dir sehen!

Learning 7:

Vertraue darauf, dass alles für irgendetwas gut ist. Ohne den Rausschmiss von zuhause und die Arbeit in der Kantine hätte sie ihren Traummann nicht kennengelernt. Um Vertrauen zu lernen, ist es hilfreich, den Blick auf die Dinge zu richten, für die Du dankbar bist – Tag für Tag. Schaue dankbar auf das, was da ist. Dann verändert sich auch das Gefühl des Mangels in ein Gefühl der Fülle.

Hätte Claudia nicht auf den Mangel geschaut, sondern dankbar darauf, was außer ihrer Schönheit noch alles da ist – wer weiß, wie das Märchen dann ausgegangen wäre. Claudia jedenfalls wäre wahrscheinlich wesentlich glücklicher mit ihrem Leben gewesen.

Exkurs Gasligthing:

Das ist etwas, was häufig passiert, wenn eine (meist narzisstische) Person immer wieder kleine Lügen und Intrigen verbreitet und die betroffene Person glauben lässt, dass sie an allem schuld und vielleicht sogar nicht zurechnungsfähig ist. Es ist eine Form der psychischen Gewalt, mit der das Opfer bzw. das Selbstbewusstsein des Opfers gezielt manipuliert und zerstört werden soll.

Ein spannendes Thema, welches ebenfalls eine eigene Geschichte wert wäre. Doch diese wird beim nächsten Mal erzählt.

Ihre Daniela Landgraf

Margit Lieverz

Bild Margit Lieverz (Fotograf: Wolfgang Triepentrog)

Margit Susan Lieverz ist DIE Freisprecherin - Expertin für Kommunikation und Körpersprache. Die gelernte Köchin, Hotelbetriebswirtin, ausgebildete Schauspielerin, Moderatorin und

Coach begeistert als Rednerin bundesweit jährlich mehrere tausend Zuhörer auf Veranstaltungen, Speaker-Events und Kongressen.

Als Schauspielerin war sie bereits in zahlreichen Fernsehformaten zu sehen wie beispielsweise der ZDF-Reihe „Ein Fall für zwei" oder im ZDF- Krimi „Kommissarin Heller. Als Medientrainerin und Coach unterstützt sie Klienten bei Vortragsvorbereitungen und Themen wie „Souveränes Auftreten" und vielem mehr.

Margit Lieverz lebt mit ihrer Familie in Königstein bei Frankfurt/Main.

Weitere Informationen unter: www.margitlieverz.de

Prinzessin Perlenschön!

Leb´ (Leb´) so wie du dich fühlst

Leb´ dein Leben so

Wie du selber nur willst

Lieb´ (Leb´) und du wirst geliebt

Das Wunder geschieht

Weil es dich gibt

Gekürzte Fassung aus: Peter Buchenau Hrsg.; Märchen für Macher, Midas Verlag Zürich, 2020 ISBN: 978-3038765325

Es war einmal ein kleines Mädchen, das es liebte, zu singen, zu tanzen, zu spielen und sich um die Tiere und um hilfsbedürftige Wesen zu kümmern. Weil es reinen Herzens, immerzu fröhlich und strahlend war, nannten es die Menschen Perlenschön.

Perlenschön wuchs mit ihrer Mutter und ihrer ein Jahr älteren Schwester in einer schönen Fachwerkstadt im Schwabenland auf. Der Vater verließ die Familie sehr früh, als Perlenschön noch ein kleines Kind war. So war die Mutter mit den beiden Mädchen alleine und müsste viel und lange arbeiten, um den Lebensunterhalt zu verdienen.

Als Perlenschön in die Schule kam, brachte die Mutter eines Tages einen neuen Mann mit nach Hause, der von nun an mit zur Familie gehörte.

Der neue Mann wurde für die Mädchen ein guter Stief-Vater und war immer für die beiden da. Vor allem später, als die Mädchen erwachsen wurden, konnten sie ihren Liebeskummer und ihre Sorgen immer mit ihm teilen. Außerdem reiste die Familie viel an schöne Orte in Frankreich, Irland, Portugal, England und auch innerhalb Deutschlands. Sie gingen oft in Gourmet- und Sterne-Restaurants essen, es gab immer genug Zeit und Geld für Theater, Oper, Kino, Konzerte, Lesungen, Ballett und Museen. Und Eiscreme.

Die Mädchen durften auch Instrumente lernen – Perlenschön bekam Geigenunterricht, ihre große Schwester lernte Gitarre. Sie gingen zusammen in den Schulchor, zum Tennis und im Winter zum Skifahren.

Da Perlenschön so gerne tanzte, sang und spielte, nahm sie außerdem noch Ballettunterricht, spielte in der English Drama Group ihrer Schule und war mit der Geige im Orchester. Nebenbei schrieb sie Gedichte und Kurzgeschichten.

Perlenschön wuchs also in einem gut behüteten Zuhause auf und war in der Welt der schönen Künste zu Hause. Durch ihre Hobbys war sie regelmäßig auf Bühnen unterwegs, denn mit Chor und Orchester, Theater-AG und Ballett gab es natürlich immer wieder Aufführungen. Perlenschön liebte es, auf Bühnen zu stehen und die Herzen der Menschen zu berühren!

So fröhlich und federleicht hätte das Leben weiter gehen können. Aber ein Jahr vor Ende ihrer Schulzeit wurde Perlenschön jäh aus ihrer Idylle gerissen.

Denn die große Schwester von Perlenschön machte Abitur und ging anschließend ein Jahr nach Mailand als Aupair-Mädchen. Gleichzeitig erfuhren die Mädchen, dass die Mutter sich von ihrem Partner, dem heißgeliebten Stiefvater trennen würde, was sie sehr traurig stimmte.

In dieser Zeit lernte die Mutter einen neuen Mann kennen, den sie 3 Monate später heiratete.

So zog die Mutter zu ihrem Mann und den beiden im Haushalt lebenden fast erwachsenen Kindern (der Mann war zuvor verwitwet). Perlenschön, die inzwischen zu einer jungen Frau heran gewachsen war, blieb in der alten gemeinsamen Wohnung zurück und erlebte die schlimmste und traurigste Zeit ihres Lebens. All ihre geliebten Menschen waren auf einmal fort: die geliebte große Schwester war in Mailand, die Mutter bei ihrem neuen Partner und der Stiefvater lebte alleine in einer anderen Wohnung.

Doch die Mutter fand, dass das Perlenschön so kurz vor dem Abitur nicht länger alleine in der alten Wohnung bleiben sollte. Und so zog Perlenschön zu Beginn des Frühjahrs noch zur Mutter mit ihrem neuen Mann und den Stiefgeschwistern in deren Haus.

Sie bekam ein kleines Zimmerchen, in dem gerade mal Platz für ein Bett, einen Kleiderschrank und einen Schreibtisch war. Die junge Frau weinte sich jeden Abend in den Schlaf

Doch dann endlich im Sommer machte Perlenschön ihr Abitur. Nun war sie frei zu entscheiden, was sie tun und wohin sie gehen sollte. Sie überlegte, was sie nun machen wolle. Sie spielte mit dem Gedanken, eine Musical-Ausbildung zu beginnen, aber sie hatte inzwischen mit dem Balletttanzen aufgehört und gesanglich und schauspielerisch war sie nicht selbstbewusst genug. Außerdem, wer hätte ihre Ausbildung bezahlen sollen?

Was Perlenschön aber immer schon begeistert hatte, war backen. Noch während der Schulzeit, im Alter von 17 Jahren fing sie an, in einer Backstube zu arbeiten. Anfangs hatte sie nur Obstkuchen und Törtchen belegt, aber als der Konditor, bei dem sie arbeitete, merkte, dass sie Freude daran hatte und mehr konnte, durfte sie auch Teige anrühren und richtige Kuchen backen. Das war ein gutes Taschengeld und außerdem gab es so auch sonntags immer zu Hause frische Stückchen Kuchen und Torten, denn Perlenschön durfte immer ein wenig Gebäck mit nach Hause nehmen. So dachte Perlenschön also daran, eine Ausbildung zur Konditorin zu machen. Aber irgendwie gefiel ihr die Vorstellung nicht, morgens um vier Uhr in der Backstube zu stehen, die Kuchen und Torten zu backen und dann nach Hause zu gehen. Perlenschöns Mutter war immer schon eine leidenschaftliche Hobby-Köchin, die Kochkurse bei berühmten Sterne-Köchen in Deutschland machte. Die Mutter schwärmte immer von den Kursen, lud Freunde nach Hause ein und probierte alle neuen Rezepte direkt aus. Das gefiel Perlenschön und sie wollte ausprobieren, ob ihr das auch so viel Spaß machte, wie die Patisserie. So absolvierte sie zunächst ein Küchenpraktikum bei einem bekannten Sterne-Koch in Stuttgart. Das war eine ganz andere Welt und auch körperlich sehr anstrengend. Perlenschön lag in ihrer Zimmerstunde oft weinend im Bett, weil ihr Rücken so schmerzte, doch sie wollte unbedingt weiter machen. Was sie an diesem Sterne-Koch besonders begeisterte, war die Tatsache, dass er Querflöte spielte, einen kulinarischen Almanach herausgab, einen eigenen Kräuter-Garten pflegte, in dem er alte Salatsorten züchtete und neben all der Kocherei immer Zeit für die schönen Künste zu haben schien. Das gefiel Perlenschön. So lernte sie eifrig und war fleißig und wissbegierig. Der Sterne-Koch war sehr mit ihr zufrieden. Das erste, was Perlenschön bei ihm lernte, war ein echtes italienisches Risotto zu kochen. Er zeigte ihr einmal, wie er es zubereitete und dann durfte sie es alleine kochen. Der Sterne-Koch war mit dem Ergebnis sehr glücklich und Perlenschön freute sich. Beide waren sie stolz, dass sie so schnell lernte und alles umsetzte, was ihr gezeigt wurde. In dieser Zeit hat Perlenschön viele Gedichte und Geschichten geschrieben. Der Sterne-Koch signierte ihr zum Abschied eines seiner Kochbücher und schenkte es ihr.

Perlenschön absolvierte noch ein weiteres Küchen-Praktikum bei einem berühmten Koch am Bodensee und dann stand ihr Entschluss fest: sie wollte Köchin werden.

Und so begann sie ihre Ausbildung in einem 2-Sterne-Restaurant in der Nähe von Freiburg im Breisgau.

Das erste Jahr ihrer Kochlehre wurde allerdings so zur Herausforderung, dass sie es fast abgebrochen hätte. Montags und dienstags war die Küche geschlossen, von mittwochs bis sonntags wurde geschuftet bis zur völligen Erschöpfung.

Sonntags nachdem die letzten Gäste das Restaurant verlassen hatten, wurde die Küche auf Hochglanz poliert. Dazu legte man einige Lagen Pappe auf die noch heißen Herdplatten und die Lehrlinge, also auch Perlenschön, mussten auf der heißen Pappe knien und die fettigen Abzugshauben über ihren Köpfen schrubben. Es wurde geputzt, bis alles glänzte und das konnte manchmal schon bis zum Morgengrauen dauern. Perlenschön brauchte danach Stunden, um sich von der anstrengende Woche und den Strapazen des Putzens zu erholen. Dazu kam, dass der Ton in der Küche so rau war, dass Perlenschön am Anfang vor Scham immer rot anlief und auch sonst war sie mit einigem überfordert.

Häufig arbeitete Perlenschön bis kurz vor einem Zusammenbruch. Es war keine schöne Zeit. Erschwerend kam dann noch dazu, dass die junge Frau von den Kolleginnen und Kollegen so schlecht behandelt wurde, dass sie ihre Ausbildung am liebsten sofort beendet hätte.

Glücklicherweise bot ein Freund der Familie Perlenschön seine Hilfe an und so fand sie einen anderen Lehrbetrieb, der sie für die verbleibenden beiden Jahre ausbildete.

Die beiden Lehrjahre im neuen Ausbildungsbetrieb waren auch anstrengend und voller Herausforderungen. Aber sie wurde besser behandelt und hatte mehr Freiheiten.

So durfte sie gleich nach ihrer Ankunft im neuen Restaurant in die Patisserie. Endlich!

Zwei Wochen wurde sie eingelernt, dann war es ihr eigener Posten! Und das als Lehrling im zweiten Lehrjahr! Das war großartig. Perlenschön durfte selber die Dessertkarte schreiben, Teegebäck und Pralinen machen, mit Rezepten experimentieren und ihrer Kreativität freien Lauf lassen. Sie gestaltete für Veranstaltungen wie Hochzeiten oder Geburtstagsfeiern die Dessertbuffets und stellte Eissorten und Sorbets selbst her. All das machte ihr alles so viel

Freude, dass sie manchmal sogar ihre Zimmerstunde dafür nutzte, um neue Rezepte auszuprobieren.

Alles in allem war es eine gute und erfolgreiche Zeit. Aber die Lehrjahre neigten sich dem Ende und es ging nun darum zu entscheiden, wie es weitergehen sollte. Perlenschön dachte darüber nach, nun doch ihrem Traum nach zu gehen und eine Schauspiel-Ausbildung zu beginnen. Aber die Arbeit in der Gastronomie und der Umgang mit den Gästen erfreute sie und so entscheid sie, in der Branche zu bleiben, aber noch mit einem Studium zu ergänzen.

So ging sie nach Ravensburg an die Berufsakademie und studierte dort Tourismusbetriebswirtschaft mit Fachrichtung Hotelmanagement zu studieren. Für das duale Studium an der Berufsakademie Ravensburg fand Perlenschön ein sehr bekanntes, mehrfach ausgezeichnetes Ausbildungshotel. Das Studium begann im Herbst und wechselte alle sechs Monate zwischen der Studienzeit in Ravensburg und der praktische Ausbildung im Hotel.

Es war ein tolles Gefühl, endlich Studentin zu sein. Perlenschön hatte ein kleines möbliertes Zimmer und konnte zur Fuß zu den Vorlesungen gehen.

Es wurden Studentenpartys gefeiert und Perlenschön war froh, endlich keine so anstrengenden Arbeitstage mehr zu haben, wie in der Küche – zumindest für eine Weile. Natürlich musste sie auch viel für die Klausuren lernen, aber dennoch gab es genug Zeit, das Leben wieder etwas mehr zu genießen.

Die Praxis-Semester in der Küche waren anfangs wunderbar, da sie wieder in der Patisserie arbeiten durfte. Es schien also alles gut zu werden.

Aber im Laufe der Zeit merkte Perlenschön, dass ihr ihre Künste zu sehr fehlten. Singen, Tanzen und Spielen war das, was ihr als Kind Freude bereitet hatte. Was sie aufblühen ließ. Und es fehlte ihr zu sehr. Die Arbeit in der Küche füllte sie nicht mehr aus.

Kurz vor Ende des Studiums lernte sie auf einer Messe einen Mann kennen. Dieser Mann war so anders als alle Männer, die sie vorher erlebt hatte. Er war charmant und zuvorkommend, humorvoll und einfühlsam. Er wusste genau, was er wollte und ging zielstrebig seinen Weg.

Kurze Zeit nach dem Kennenlernen, trafen die beiden sich auf einer Messe in Berlin wieder. Perlenschön arbeitete dort als Hostess für einen Kunden, für den sie schon früher gearbeitet hatte. Am zweiten Messetag gab es abends eine Sponsoren-Party und Perlenschön hatte dafür Eintrittskarten bekommen. Eine Karte gab sie dem jungen Mann, weil sie sich wünschte, dass sie gemeinsam dort den Abend verbringen würden. Der junge Mann aber sagte, er hätte abends noch ein Treffen und wüsste nicht, ob er es schaffen würde. Aber er versprach, es zu versuchen. Perlenschön hatte zu der Zeit gerade ihr erstes Mobiltelefon gekauft und hatte dieses dann auch auf der Party mit dabei. Irgendwann bekam sie die Nachricht von dem jungen Mann, dass er es wohl nicht mehr schaffen würde, noch zur Party zu kommen. Perlenschön schrieb ihm daraufhin zurück, dass er unbedingt kommen müsse, denn sonst würde er die Party seines Lebens verpassen! Wie Recht sie damit hatte, wusste sie zu dem Zeitpunkt noch nicht!

Der junge Mann setzte also alles in Bewegung um doch auf die Party gehen zu können und die beiden tanzten die ganze Nacht, feierten und verabschiedeten sich schließlich mit einem zarten ersten Kuss im Morgengrauen.

Perlenschön spürte: sie hatte Ihren Traumprinz gefunden!

Da Perlenschöns' Traumprinz an der Hotelfachschule in Heidelberg studierte, sahen sich die beiden zunächst nur an den Wochenenden, denn Perlenschön musste wieder zu ihrem Praxis-Semester in die Küche.

Und auch hier wurde es für Perlenschön zunächst wieder schwerer. Sie kam in die Abteilung „Entremetier", das bedeutete sie kochte Sättigungsbeilagen und Suppen. Sie wurde schlecht behandelt, durch die Küche gescheucht und oft mit den Worten „Putz mal schneller, wir wollen Feierabend machen" von den höher gestellten Küchen-Mitarbeitern angetrieben. Perlenschön fühlte sich mehr als fehl am Platz und weinte sich wieder oft in den Schlaf.

Die einzigen Lichtblicke waren die Tage, die Perlenschön mir ihrem Prinzen in Heidelberg verbringen konnte. Oft wurden Studentenpartys gefeiert, manchmal sogar unter der Woche.

Und dann erlebte Perlenschön etwas, was wegweisend für ein neues Leben war. Die Klasse des Prinzen hatte eine Party organisiert hatte, auf der ihr Prinz mit zwei Kommilitonen den Song „Leb" von „Die 3. Generation" als Playback aufführte.

Das Lied, vor allem der Text, öffnete Perlenschön plötzlich die Augen.

Der Text geht so:

„Niemand ist alleine der Looser oder Held

Es gibt ein Leben nach dem Augenblick - Das zählt

Die Welt liegt dir zu Füssen, wenn du ehrlich zu dir bist

Leb´ dein Leben - So wie du dich fühlst

Vergiss niemals - Du bist ein Einzelstück

Genieße jede Stunde voller Trauer und Glück

Die Uhr tickt, Mann - Gib dir selber den Kick

Denn nicht eine Stunde kommt je zurück...

Niemand kann nur Hass oder nur Liebe spür´n

Beides hast du schon tausend Mal gefühlt

Alle Höhen und Tiefen - Es ist viel passiert

Nur wer Gefühle zulässt, wird auch berührt

Im Herzen - Yo!

So läuft das Spiel

Deines Lebens - Hey!

Nichts ist vergebens

Also leb´ wie du dich fühlst...

Refrain
Leb´ (Leb´) so wie du dich fühlst

Leb´ dein Leben so

Wie du selber nur willst

Lieb´ (Leb´) und du wirst geliebt

Das Wunder geschieht, Weil es dich gibt..."

Perlenschön fiel es wie Schuppen von den Augen und ihr wurde klar, dass sie keinen Moment länger als nötig im Hotel und in diesem Studium bleiben konnte.

So beendete sie ihr Studium bereits nach zwei Jahren mit der Prüfung zur Wirtschafsassistentin (BA). Sie bewarb sich auf verschiedene Stellenanzeigen und fing schließlich in Sulzbach im Taunus bei einem Konferenzanbieter als Teamassistentin an. Man bat ihr sogar alternativ einen Job als Konferenz- oder Marketingmanager an, aber weil sie die Branche noch nicht kannte, entschied sie sich zunächst für die Stelle der Teamassistenz.

Perlenschön zog mit ihrem Prinzen in eine gemütliche Dachwohnung im Taunus. Sie arbeitete von nun an in einem Unternehmen, das Seminare, Konferenzen und Kongresse organisierte. Sie hatte wieder geregelte Arbeitszeiten und konnte in ihrer Freizeit wieder beginnen, ihren Beschäftigungen zu folgen, die sie schon als Kind bereits geliebt hatte: Tanzen, Singen und (Schau-)Spielen.

Kurz darauf feierten Perlenschön und ihr Prinz ihre Traumhochzeit in Königstein mit ihrer Familie, vielen Freunden und Wegbegleitern.

Und wenn sie nicht gestorben sind, so leben sie noch heute...

Doch halt, sie leben heute! Und sie arbeiten sogar inzwischen gemeinsam. Aber wie kam es dazu. Lest selbst:

Gestärkt durch die Liebe in ihrem Leben und die vielen guten Erfahrungen der vergangenen Wochen und Monaten traute sich Perlenschön nun, auch andere Dinge auszuprobieren, um ihrem Traum, Schauspielerin zu werden, wieder etwas näher zu kommen.

So kam es auch, dass Perlenschön in einer Fernsehserie mitspielen durfte. Sie spielte eine Episodenhauptrolle. In einer Einstellung musste Perlenschön in ihrer Rolle auch weinen, was ihr sofort und auf Anhieb gelang! Alle waren begeistert! Und für Perlenschön war es endlich die Erkenntnis, warum sie Schauspielerin werden wollte. Bisher dachte sie immer, es wäre, weil sie (im Sternzeichen Löwe geboren) gerne im Mittelpunkt stehen oder reich und berühmt werden wollte. Diese Rolle zeigte ihr, dass es ihr wirklich ums Spielen ging. Um die Freude, in eine andere Rolle zu schlüpfen und sich dort voll und ganz auszuleben. Und darum, Menschen durch ihr Spiel zu berühren.

Also fing Perlenschön an, Camera-Acting-Workshops zu besuchen und Schauspielkurse zu belegen. Sogar an einem Musical-Workshop nahm sie teil, da sie Musicals liebte! Hier konnte sie alles vereinen: singen, tanzen und spielen. Nur konnte sie sich nach Ende des Workshops nicht vorstellen, eine dreijährige Vollzeit-Musical-Ausbildung zu machen.

So ging sie also erst einmal weiter ihrem Job als Konferenz-Koordinatorin nach und hatte in ihrer Freizeit wieder Spaß an ihren Hobbies.

Als die Firma dann anfing, Konferenzen in Frankreich zu organisieren, durfte Perlenschön den administrativen Part übernehmen, mit den Hotels und Referenten sprechen und sich vor Ort in Paris darum kümmern, dass alles lief. Das war traumhaft, weil sie mit ihrer Lieblingssprache in ihrer Lieblingsstadt arbeiten konnte!

Trotzdem machte ihr der Job leider immer weniger Spaß. Perlenschön arbeitete inzwischen wieder mehr als es für einen Bürojob üblich war. Manchmal bis nachts und an Wochenenden und Feiertagen, besonders, wenn ein großer Kongress bevor stand. Teilweise hatte sie bis zu 20 Veranstaltungen im Montag zu koordinieren!

In dieser Zeit wurde sie dann glücklicherweise von einer ehemaligen Arbeitskollegin zu einer anderen Firma abgeworben und hatte die Chance, dort den Bereich Hoteleinkauf und Veranstaltungsorganisation als Eventmanagerin vollständig neu und selbständig aufzubauen. Das war eine große Verbesserung, denn sie hatte nun noch mehr Verantwortung und gleichzeitig mehr Freiheiten. Die größte Veranstaltung, die Perlenschön zu verantworten hatten, war der jährliche Kongress in Berlin mit über 1500 Teilnehmern, über 100 Referenten und Ausstellern.

Leider hatte Perlenschön hatte erstmal wieder keine Zeit mehr für Schauspiel, Tanz und Gesang aber es war so auch in Ordnung für sie, weil sie dachte, dass sie sich hier beruflich schon sehr gut entwickeln und verwirklichen konnte. Ihr Chef gab ihr völlig freie Hand. Perlenschön hatte ein Firmenhandy, eine -kreditkarte, war viel unterwegs, hatte Verantwortung und wurde von den Hotels umgarnt. Dennoch kam nach einer Weile wieder diese alte Sehnsucht durch: singen, tanzen und spielen, das war es doch, was sie eigentlich wollte. Auf die Bühnen der Welt. Die Herzen der Menschen berühren und begeistern.

Wie es das Schicksal so wollte, traf Perlenschön eine Bekannte wieder, mit der sie den Musical-Workshop der Stage School Hamburg absolviert hatte. Die Bekannte studierte mittlerweile in Oberursel an der Academy of Stage Arts Musical. Immer wieder sah Perlenschön sich die Website an und fand dabei heraus, dass sie in der Musical- und Schauspiel-Schule auch eine Teilzeitausbildung machen konnte.

Das fand Perlenschön sehr spannend und so bewarb sie sich an der Schule, hatte erst ein Gespräch mit dem Schulleiter, dann ein Vorsprechen und schließlich bekam sie einen Ausbildungsvertrag für Schauspiel. Jetzt war sie endlich da, wo sie so lange hin wollte: auf einer echten Schauspielschule!

Nun würde alles gut werden – dessen war sie sich sicher.

Und doch kam wieder einmal alles anders als geplant. Denn zwei Monate nach Beginn der Schauspiel-Ausbildung erfuhr Perlenschön, dass sie guter Hoffnung war. Was für eine Freude! Und gleichzeitig Verwirrung! Jetzt, da sie endlich ihren Weg gefunden und eine Schauspiel-Ausbildung begonnen hatte, schenkte ihr das Glück ein Kind. Würde sie es schaffen, dennoch weiter ihren Weg zu gehen? Es stand für sie auf jeden Fall fest, dass sie beides wollte: das Kind bekommen UND ihre Schauspiel-Ausbildung abschließen. Und so geschah es. Perlenschön gebar schließlich eine gesunde Tochter, die alle sehr liebten und nahm ihre Schauspiel-Ausbildung kurz nach der Geburt wieder auf.

Nach der Niederkunft berichteten sogar die Zeitungen über die Geburt, da Perlenschön zwei Jahre zuvor die 1. Wehrheimer Apfelblütenkönigin gewesen war. Die Schlagzeile lautete „Königlicher Nachwuchs – die 1. Wehrheimer Apfelblütenkönigin bringt gesunde Tochter zur Welt."

Und so genoss Perlenschön die Tage, Wochen und Monate mit ihrer Zaubertochter und konnte parallel zur Elternzeit ihren Schauspieltraum verwirklichen. Während ihrer Schauspiel-Ausbildung bekam Perlenschön Gesangs-, Tanz-, Phonetik- und Schauspielunterricht sowie Moderatoren-Training. Nach und nach kamen sogar erste kleine Jobs. Nach drei Jahren konnte Perlenschön die Schauspiel-Abschlussprüfung erfolgreich ablegen und war nun endlich ausgebildete Schauspielerin. Sie kündigte ihren alten Job und machte sich als Schauspielerin selbstständig. Es folgten Werbejobs und Filmdrehs, die ersten Moderationen für einen Internet Fernsehsender und für Kunden auf Messen und Events.

Über Perlenschöns Sichtbarkeit als Moderatorin kamen dann die ersten Anfragen für Coachings und Trainings. Denn die Menschen wollten lernen, wie sie auch so frei und lebendig auf der Bühne und in Videos auftreten können. So fing sie an, Menschen auf ihrem Weg zu mehr Freiheit, Freude und Präsenz zu unterstützen. Anfangs ging es erst mal darum, mit Hilfe von Video-Analyse den Menschen quasi einen Spiegel vor zu halten und sie zu unterstützen, sich selbst einmal würdigend, wohlwollend und wertschätzend mit eigenen Augen zu sehen. Es ging um die Wirkung der Kommunikation und um die Präsenz in Vorträgen und Reden. Doch sehr bald wurde Perlenschön bewusst, dass nur nach außen sichtbar wird, was im Innern lebendig ist. So fing sie an, sich mehr und mehr in das Thema Bewusstsein und Mental-Training einzuarbeiten. Sie gab öffentliche Seminare und Einzel-Coachings und merkte, dass sie den Menschen noch viel mehr helfen konnte, als nur im Bereich Freies Reden. Und das erfüllte sie, denn es war ihr ja schon von Kindesbeinen ein Anliegen, Menschen zu helfen. Da die Menschen, die zu ihr kamen auch nach den Trainings und Coachings weiter lernen wollten, schrieb sie ihr erstes Buch und nahm ein Hörbuch auf. So konnten auch Menschen von ihr lernen, die sich kein Seminar und Coaching leisten konnten. Und immer wieder verschenkte sie auch Plätze in ihren Kursen an Menschen, die lernen wollten, aber kein Geld für die Teilnahmegebühr hatten.

Parallel zu diesen spannende Projekten stand sie immer öfter als Rednerin auf der Bühne, moderierte große Veranstaltungen und drehte immer wieder auch schöne Filmprojekte. So bekam sie Rollen in Fernseh- und Kino-Produktionen und lief bei Premieren natürlich auch liebend gerne über den Roten Teppich.

Auch die Musik spielte wieder eine größere Rolle in ihrem Leben, denn sie gründete eine Band, nahm einen Cover-Song im Studio auf und drehte dazu ein Musikvideo in Irland. Damit ging ein großer Traum für sie in Erfüllung. Auch im Bereich Schlager-Musik probierte sie sich aus, produzierte eine Single und drehte ein Musikvideo in Barcelona und auf Island und trat live auf verschiedenen Veranstaltungen auf.

Perlenschön erkannte, dass sie da angekommen war, wo sie immer sein wollte. Aber auf ganz anderen Wegen als auf denen, die sie vorher dachte gehen zu müssen. Sie sah, dass dies alles erst möglich wurde, als sie bereit war, sich auf ihren eigenen persönlichen Weg zu machen. Als sie mutig genug war, Dinge auszuprobieren und sich vom Universum führen und leiten zu lassen. Und sie verstand, dass dies alles auch nur möglich war, weil sie Menschen in ihrem Leben hatte, die sie unterstützen und begleiteten.

Sie konnte jenen vergeben, die früher nicht gut zu ihr waren. Und sie hat sich selbst vergeben, dass sie manchmal zu anderen Menschen und auch zu sich selbst nicht gut war.

Sie war nun endlich im Reinen mit sich selbst, ihren Wünschen und Werten. Und sie war dankbar für alles, was sie in den letzten Jahren erlebt und oft auch erlitten hatte. So konnte sie gestärkt daraus ihren Weg gehen.

Manchmal braucht es auch das Tal der Tränen, um daraus in ein neues Leben gehen zu können.

Und wenn sie nicht gestorben ist, dann coacht, singt, tanzt, spielt und lacht sie noch heute.

Ihre Margit Lieverz

Melanie Macherel

Bild Melanie Macherel (Fotograf: Alexander Resch)

Melanie Macherel, geboren in der Schweiz trug die Leidenschaft des Geschichtenerzählens schon früh in sich. Ihre Leidenschaft zog sie nach Hamburg, dort machte sie eine 3 jährige Ausbildung als Musicaldarstellerin und schlüpft nun als Schauspielerin in verschiedene Rollen auf der Bühne und im Film. Mit der Zeit reichte ihr das nicht mehr, da sie ihre eigenen Geschichten zum Ausdruck bringen wollte, so begann sie mit dem Schreiben.

Weitere Informationen:
https://instagram.com/melonie_makeroni

Der Schrei des Herzens!

Die Sehnsucht irrt Blind umher, sie braucht das Licht zum Atmen, sucht verzweifelt danach, Tag ein Tag aus, kann es aber nirgends finden, bis die Zeit sich einmischt und sie den Schrei des Herzens endlich wahrnimmt:

„Öffne deine Augen, dann kannst du mich sehen. Gehe nicht Blind durchs Leben, öffne deine Augen; JETZT."

Es war einmal

Ein ungeschriebenes Blatt das vom Baume fiel und darauf wartete, dass das Leben ihre ersten Zeilen darauf hinterließ. Alles war möglich, einfach alles, was für ein gutes Gefühl.

Dieses Blatt hieß übrigens Sarah. Ein kleines süßes Kind mit sehr viel Fantasie. In ihrem kleinen Zimmer entstanden gigantische Geschichten. Mit ihren kleinen Figürchen (Hunde, Katzen, Schlümpfe, Pferde, Fische) spielte sie alles.

Dass zum Beispiel die Welt unterging und die kleinen Figürchen ums Überleben kämpften mussten oder dass unter den Rassen Kriege ausbrachen und jeder gegen jeden Kämpfen musste, bis nur noch einer übrig blieb. Ja sie liebte das Drama aber genauso auch das Schöne. Sie konnte sich stundenlang ins Zimmer stellen und vorstellen wie sie auf einer großen Bühne steht und mit ihrem Gesang die Leute verzauberte. Sie sang stundenlang und brachte Ihre Eltern fast in den Wahnsinn, so dass diese dann meistens mehrmals am Tag einkaufen gingen. Sarah störte das nicht, denn so konnte sie das Esszimmer und das Wohnzimmer ebenfalls in ihr Reich verwandeln. Wenn Ihr danach war, dass all ihre Figürchen auch noch einen großen Tsunami erleben mussten, dann besetze sie auch noch das Badezimmer.

Eines Tages, um genau zu sein, an einem heißen Sommertag, flüsterte die Sonne: „Kommt heraus liebe Menschen. Kommt raus aus euren Schlupflöchern und seid mir dankbar für diesen schönen Tag den ich euch beschere.

Sarah kümmerte sich wenig um schönes Wetter und konnte sich dem Charme der Sonne nur gut wiedersetzen, weniger gut aber ihren Eltern. Sie musste Ihre Schlacht um Macht und Weltherrschaft unterbrechen, um mit Ihren Eltern einen Ausflug nach Zürich zu machen. In dieser Jahreszeit war der Zürichsee wunderschön. Alle betrachteten den See mit vollem erstaunen, nur Sarahs Aufmerksamkeit galt was anderem. Sie starrte auf ein Werbeplakat, dass sie magisch anzog. Es war nicht besonders hübsch, es hatte auch keine besonderen Farben, eigentlich war es auch ziemlich langweilig gestaltet aber aus irgendeinem Grund konnte sie sich nicht davon abwenden. Aida das Musical, las sie leise und versank kurz in ihren Gedanken, bis sie brutal herausgerissen wurde. „Sarah, kommst du endlich, wir wollen weiter!"

Sie schlenderte mit ihren Eltern den ganzen See entlang und sah tausend schönere und spannendere Sachen, so dass dieses Plakat schon bald in Vergessenheit geriet. Zuhause in ihrem Reich angekommen konnte sie die Schlacht nun endlich fortsetzen. Wieder einmal gewannen die Hundefiguren die Schlacht um Ehre und Rum- Es lag wahrscheinlich auch daran, dass ihre Hundefiguren weit in der Überzahl waren.

Die Sonne war gestillt von so viel Menschenliebe, dass sie sich glücklich zurückziehen konnte und die Erde der Nacht überließ.

Sarah lag zufrieden, zugedeckt und mit geputzten Zähnen in ihrem Bett. Ihre Augen wurden schwerer und die Schlafphase umkreiste sie und zwang sie einzuschlafen. Es gelang ihr fast, doch plötzlich wie aus dem nichts, sah Sarah wieder dieses Plakat vor ihren Augen. Das Plakat, das nicht besonders hübsch war, das auch keine besonderen Farben hatte und eigentlich auch ziemlich langweilig gestaltet war. Es stand wieder da, vor ihren Augen und ließ Sarah nicht einschlafen. „Aida das Musical", murmelte sie leise. Sie versuchte krampfhaft den Gedanken los zu lassen damit sie endlich einschlafen konnte. Nach mehreren Stunden des Versuches war sie so erschöpft, dass das Plakat endlich nachgab und sie in Ruhe einschlafen ließ.

Der Morgen kündigte sich an und wie es sich vermuten ließ, begrüßte der Gedanke an das Plakat Sarah als erstes. Sie stand auf und ging raus. Sie sah ihren Vater am Morgenkaffe schlürfen und wollte gleich fragen, ob sie an seinen PC darf. Sie belehrte sich eines Besseren und fing erst einmal mit einem einfachen aber charmanten „Guten Morgen Papa" an. Er begrüßte sie lächelnd; „Guten Morgen mein Schatz." Ok das reichte, genug der Höflichkeit;

„Papa, Papa darf ich kurz an deinen PC, ich will was nachschauen!" Auch wenn Papa dagegen gewesen wäre, Sarah konnte er nur schwer etwas abschlagen. Sarah ging eifrig an seinen PC und gab im Internet "Aida das Musical" ein.

Das dieser kleine Schritt Sarahs Leben veränderte, konnte sie in diesem Moment noch nicht wissen. Sie war so fasziniert, was sie las und die Bilder auf der Homepage rissen sie in ihren Bann. Tanz, Musik, Gesang, Geschichte und das alles in nur einem Stück? „Papa, Papa," schrie sie ganz euphorisch. Er verschluckte sich fast am Kaffee. „Was ist denn, warum schreist du so?" „Komm, ich muss dir was zeigen!" Ganz aufgeregt zeigte sie ihm die Homepage und bat, fast schon flehend, da müssen wir hin! Und wie gesagt, Papa konnte seinem Töchterchen kaum etwas abschlagen. Bevor er endgültig ja sagte, besprach er es noch mit Sarahs Mama, die fast genauso begeistert war wie Sarah. Aber nicht wegen dem Musical, sondern das war Ihr Chance die Wohnung endlich mal wieder für sich alleine zu haben. Sie bestärkte Sarah und geschickt wie sie war, meinte sie „Das find ich eine tolle Idee. Es ist schön wenn Papa und Tochter mal was alleine unternehmen. Und wenn ihr schon dabei seid, könnt ihr gleich noch was essen gehen." Dabei lächelte sie und dachte: „Endlich mal nicht Kochen für die ganze Familie!"

Sarah kreuzte sich die Kalendertage ab und sah wie ihr großer Tag näher kam. Leise und fast schon unbemerkbar stand er dann plötzlich da. Heute ist es endlich soweit, heute sehe ich AIDA das Musical. Sie war glücklich. Der Zeitpunkt kam und Sarah und Papa gingen los. Das Musical war in Basel und beide kannten sich in dieser Stadt nicht aus, so stellte sich die Suche nach einem geeigneten Restaurant gar nicht so einfach dar.

Das Knurren der Bäuche wurde lauter, als ob die Zwei einen Wettbewerb unter sich ausmachten, wer lauter knurren kann. Es wurde so laut, dass sie sich entschieden, das nächst gelegene Restaurant zu besuchen. Das Restaurant vor dem sie standen, sah aber nicht wirklich einladend aus, es glich eher einer Spelunke als einem Restaurant. Sie sahen sich skeptisch an. Das Brummen der Bäuche hatte schon außerirdische klänge angenommen. So entschieden sie sich, dass wunderliche Lokal zu betreten.

Kaum berührte der erste Fuß das Lokal wurden sie auch schon begrüßt; „Herzlich willkommen! Kommen sie, Kommen sie, sie kriegen einen wunderschönen Platz, zu zweit, ja?" Sarah freute sich über so viel Höflichkeit, jedoch der Vater sah sich um und bemerkte nur zwei andere Gäste. Er befasste sich schon mit dem Gedanken; Der Hunger treibt es rein.

Die Speisekarte sah eigentlich ganz gut aus. Es standen leckere Sachen drauf und da Sarah sowieso einen Mords Hunger hatte, hätte sie beinahe alles gegessen. Plötzlich nahm sie ein flüstern von ihrem Vater wahr: „Nimm Pasta, da kann man nicht viel falsch machen." Der weise Rat eines erfahrenen Restaurantkenners konnte sie nicht abschlagen. Sie entschieden sich für Penne al Arrabiata. Beide hofften innerlich, dass es wirklich scharf ist. Einerseits, dass man den Geschmack der Soße nicht schmeckte falls die schlecht sein sollte und andererseits einfach nur weil sie scharf liebten.

Der große Moment, der die Bäuche zum Schweigen bringt, war nun da. Der Kellner kam mit zwei Teller auf nur einem Arm. Vater traute sich fast nicht hinzugucken aber Sarah, neugierig wie immer, konnte es kaum erwarten. „Papa das sieht ja gar nicht so schlecht aus!" sagte sie voller Freude und bevor der Kellner sich zurückziehen konnte. Beschämend sagte Papa: „Natürlich sieht das gut aus!" Dabei lächelte er den Kellner verlegen an.

Als der Kellner sich zurückzog traute Vater sich einen Blick auf den Teller zu werfen und war überrascht. Es sah gut aus. Es sah frisch aus. Also wagte er es, mit sehr viel Mut, die Gabel in der rechten Hand in die Penne reinzustechen, öffnete den Mund und: „Mmh ok immerhin, die Penne ist scharf. Da sind sogar kleine Peperoncinis. Oh sogar ein kleines Tomaten Stückchen." Die Soße explodierte förmlich in seinen Mund und bevor er den Gedanke zu Ende dachte, hat es Sarah auch schon ausgesprochen: „Das sind die besten Penne al Arrabiata, die ich je gegessen habe."

Zufrieden und satt machten sie sich nun auf den Weg ins Musicaltheater. Am Eingang, bevor sie reingingen entdeckte Sarah wieder dieses Plakat. Sie lächelte glücklich und sagte, als ob das Plakat Ohren hätte: „Siehst du, ich bin da." Das ganze Theater wurde liebevoll in eine ägyptische Atmosphäre verwandelt, so dass man schon am Anfang die Chance hatte, in die Geschichte einzutauchen. Sie betrachtete alles ganz genau. Während sie sich umsah entdeckte sie mehrmals dieses Plakat. So viele Menschen sind hier und Sarah fragte sich, ob wohl alle oder zumindest ein großer Teil auch dieses Plakat gesehen hatten. Der Raum umgab plötzlich ein dumpfes klingeln und eine angenehme Stimme war zu hören. „Bitte nehmen sie die Plätze ein, das Musical AIDA wird in Kürze beginnen." Von null auf hundert merkte Sarah plötzlich ihren Herzschlag. Es geht gleich los! Oh mein Gott es geht gleich los! Ihr Körper begann vor Freude zu zittern. Sie konnte es nicht glauben, dass jetzt der große Moment endlich da ist. „Papa, schnell wir müssen unsere Plätze finden," sagte sie mit aufgeregte Stimme und der Angst, sie könnte den Anfang verpassen. Eine nette Dame am Eingang zeigte ihnen freundlich, wo ihre Plätz lagen. So mussten sie keine Zeit verschwenden, um die Plätze zu suchen. Auf dem Platz angekommen konnte Sarah tief einatmen. „Puh geschafft, jetzt kann nichts mehr passieren." Ihr Körper und ihr Geist konnten sich endlich entspannen aber das hielt nur einen Moment an. Wieder machte sich die Stimme bemerkbar. „Wir weisen sie darauf hin, dass während des ganzes Stückes das Fotografieren sowie Filmaufnahmen verboten sind. Des Weiteren bitten wir sie ihr Handy auf stumm zu schalten oder gar auszumachen." Sarahs Herz fing an zu rasen und ihre Hände wurden feucht. Endlich ging es los. .

„Und nun wünschen wir Ihnen viel Spaß mit dem Musical AIDA." Hätte Sarah das Stück nicht unbedingt sehen wollen, wäre sie jetzt vermutlich vor Nervosität umgefallen. Das Licht wurde ausgemacht und ein dunkler Schimmer überflutete das ganze Theater. Man nahm nur noch die Bühne wahr. Es dauerte nicht lange und die Dunkelheit wurde von einer wunderschönen Melodie begleitet. Sarah zog es gleich in ihren Bann. „Mir gefällt das Stück jetzt schon," dachte sie und so lauschte sie weiter der Melodie zu. Als schließlich die Stimme der Sängerin einsetzte, war es um Sarah ganz geschehen und sie versank vollkommen in das Stück.

Die Lieder des Stücks waren atemberaubend. Die Sänger hatten eine kraftvolle Stimme und die Lieder hatten eine tiefere Bedeutung. Ob Sarah die Bedeutung damals schon verstand, weiß ich nicht aber ihr Körper reagierte ziemlich stark. In einer Schlüssel-Szene des Stückes fing ihr ganzer Körper an zu zittern und sie überkam eine stechende Wärme, die bis in ihr Herz gelangte. Ihr liefen die Tränen runter, nicht wegen des Stücks, sondern weil sie so berührt war. Eine geheimnisvolle Aura berührte in diesem Moment ihr Herz und flüsterte: „Es gibt so viel mehr im Leben und du kannst das alles erreichen. Öffne dein Herz und nimm es an."

Dieser kurze Moment, der ihr so viel länger vorkam, wird alles verändern. Es war wie eine Offenbarung und sie wusste, was sie mit

Ihrem Leben anstellen wollte. Ihr Leben, ihre beruflich Bahn, ihre Zukunft ,alles war nun klar.

Die Erkenntnis darüber behielt sie aber noch tief in ihrem Herzen und schenkte dem Stück wieder ihre volle Aufmerksamkeit.

Das Stück neigte sich langsam dem Ende zu und es wurde immer dramatischer. Sarah stiegen langsam die Tränen hoch. Sarah war aber gewiss keine Person, die bei traurigen Filmen weinte. Im Gegenteil, sie amüsierte sich sehr, wenn andere weinen mussten. Ihr war es umso peinlicher, als sie bemerkte, dass es diesmal sie selbst traf. Sie versuchte die Tränen mit aller Macht zu unterdrücken. Der Kampf schien zwecklos, das Stück hatte eine solche Macht über sie, dass eine Träne nach dem anderen den Weg aus ihren Augen fand. Sie gab den Kampf auf und versuchte währenddessen, in ihrer Tasche, ein Taschentuch zu finden. Sie wischte ihre letzte Träne ab und Aida war vorbei. Das Licht ging an und sie wagte einen kurzen Blick zu Ihrem Vater. Sie stellte fest, dass auch er glasige Augen hatte. Sie schaute auf die andere Seite und war verblüfft. Das Stück hatte nicht nur über sie ihre Macht präsentiert, sondern der ganze Raum war voller sniffenden und schnäuzenden Menschen. „Wir müssen gehen," sagt plötzlich eine ernste Stimme auf der linken Seite. „Das können wir doch nicht tun, der Applaus ist das größte Geschenk, was wir den Darstellern machen können und du willst jetzt gehen?" „Ich nicht aber die Bahn." Sarah verstand. Es war der letzte Zug, der nach Zürich zurück fuhr. Sie machten sich auf den Weg. Die Züge in der Schweiz sind sehr egoistisch. Sie haben den Ruf pünktlich zu sein und den wollen sie unter keinen Umständen verlieren. Wenn um Punkt abgefahren wird, dann wird um Punkt abgefahren. Keine Sekunde zu früh und auf keinen Fall eine Sekunde zu spät. Mit diesem Wissen im Hinterkopf gingen die beiden immer schneller und Sarah begann zu rennen. Sie wusste, es lag an ihr den Zug zu erreichen. Mit einem glanzvollen Hechtsprung konnte sie gerade noch in den Zug reinspringen. Sie hielt die Türen solange auf bis Ihr Vater, dem Fast die Luft weg blieb, sich auch noch in den Wagon ziehen konnte.

Zu Hause angekommen erzählten beide mit einer Euphorie von dem Stück und was sie alles erlebt haben. Durch die Erzählung fing ihr Herz erneut an zu pochen. Ein warmer Schauer überkam sie und sie zitterte. Die Offenbarung, die sie in diesem Stück erfahren durfte und in Ihrem Herzen versteckte, legte sie nun offen;

„Ich will Musicaldarstellerin werden!"

Dieses Gefühl zu wissen was man will, tat so gut. Alles erscheint einem heller und freundlicher. Man ist so gut drauf und könnte den ganzen Tag tanzen und singen. Einfach alles ist wunderbar. Leider hielt dieses Gefühl nur kurz an, denn die bittere Realität kam gleichzeitig mit der Freude. Im Gegensatz zur Freude lauert sie in einer dunklen Ecke und wartet ab, bist du den höchsten Punkt der Glückseligkeit erreicht hast. Wenn du es am wenigsten erwartest, schlägt sie zu, brutal und ohne Vorwarnung. Knebelt dich, legt dir fesseln an und kettet dich an einen Beruf, den du niemals machen wolltest, fernab aller Kreativität. Der Beruf lässt dich langsam austrocknen bis nichts mehr von dir da ist und dieser zwingt dich, in eine Norm der Menschheit. Eine Norm, zu denen du niemals gehören wolltest; Aufstehen, Geld verdienen, Job hassen, nach Hause gehen und das Tag für Tag. Fünfmal die Woche, zwanzigmalm im Monat und 230mal im Jahr.

So erging es auch Sarah. Tschüss Kindheit, hallo Realität. Im Turm der Arbeitswelt eingesperrt. Tag für Tag gezwungen, das Gleiche zu machen. In der Schweiz ist kein Platz für Träumer.

Man verdient Geld und sucht sich eine vernünftige Ausbildung, die Hand und Fuß hat, die sicher ist. Ein Job als Musicaldarsteller? Fast schon zum Lachen, sowas gehört hier einfach nicht hin. Sarah gab ihren Traum auf und suchte mit schwerem Herzen eine vernünftige Ausbildung. Eine Ausbildung, die sicher ist, in der man Geld verdient, die ihre Zukunft sichert. Sie erhielt ihren Ausbildungsplatz. Wie fast jeder fünfte Schweizer in einer kaufmännischen Lehre. Die Arbeitswelt war fremd für sie und das 1. Ausbildungsjahr war schwer. Sie musste fast alles ablegen, was sie als Person ausmachte. Ihre bunte Welt der Geschichten wurde nach und nach ersetzt durch Computer, Zahlen, Bestellungen und Rechnungen. Die fröhlichen Figuren, die Sie in Ihrem Zimmer hatte, wurden ersetz durch Mitarbeiter mit einem finsteren Blick, die ihren Job hassten.

Sarah war von der Arbeitswelt eingeschüchtert. Sie sagte nie viel, nahm alles so hin und versuchte eine gute Mitarbeiterin zu sein. Schließlich wurde das von einem erwartet. Sarah begann Ihre Kreativität, Fantasie und ihre Geschichten, die in Ihrem Kopf lebten, tief in ihrem Herzen zu verbannen, denn in dieser Welt, war kein Platz dafür. Sie lebte wie in Trance. Im Büro machte sie das, was man Ihr sagte und in der Schule versuchte sie gute Noten hinzukriegen. Ihr Herz wurde mit einer Finsternis umhüllt und als das letzte Fleckchen Licht drohte zu verschwinden, kam aus der Ecke ein leises aber ganz ehrliches: „Sarah, geht es dir gut?"

Augenblicklich riss es Sarah aus der Dunkelheit und sie sah Ihre Mitarbeiterin an. Es ist nicht so, dass sie nie jemand gefragt hat wie es ihr geht. Das wurde sie sogar täglich mehrmals gefragt. Von den unterschiedlichsten Leuten, doch bei Ihr war es anders. Diese schlichte Frage war durch und durch ehrlich gemeint. Sie wollte wirklich wissen, wie es Sarah geht. Sie interessierte sich für Sarah. Aus diesem, "Wie geht es dir?," wurde eine wahre Freundschaft und Ihr Herz wurde langsam erhellt. Bald darauf folgte eine weitere gute Freundin, die genauso wie die Erste, sich wirklich für Sarah interessierte. Es war eine Verbundenheit zwischen den drein. Ein Gefühl des Vertrauens, ein Gefühl der Freude und ein Gefühl das Sarah zu diesem Zeitpunkt dringend brauchte. Eine Zeitlang nahm Sarah sogar die triste Arbeit nicht mehr so ernst und legte mehr Wert auf die Freundschaft. Für einem Moment dachte sie sogar: „Was Vernünftiges zu machen ist doch nicht so schlimm."

Was Sarah aber in diesem Moment nicht klar war, die Macht des Herzens gewinnt immer. Man kann zwar, was tief im Herzen versteckt ist durch positive Erlebnisse überschminken aber der Kern bleibt und das Schicksal weiß genau was es machen muss, damit du wieder den tiefsten Punkt erreichst. Es nimmt dir weg, was dich glücklich macht. Das 2. Ausbildungsjahr hatte begonnen und die Abteilung musste gewechselt werden. Diese Abteilung lag in einem anderen Gebäude, ganz hinten in der Werkstatt. Der Weg dahin schnürte einem fast die Kehle ab weil alles nach Werkstatt roch und kein Tageslicht diese Räume wirklich erhellen und freundlicher erscheinen lassen konnte. Was Sarah als triste Arbeit bezeichnete war nichts im Gegensatz zu dem was sie jetzt erleben durfte. Die Abteilung hieß zwar Einkauf aber die Auszubildenden waren meist nur mit einer riesigen, fast unüberwindbaren Ablage beschäftig, die nur darauf wartete, gelocht, gestempelt und abgelegt zu werden. Nach und nach aber gewann die Dunkelheit wieder ihren rechtmäßigen Platz in Sarahs Herzen.

Mit leerem Blick ergab sie sich und stempelte ein Formular nach dem anderen, lochte es und sortiere es fein säuberlich alphabetisch in den Ordner. Nach jedem abgelegten Formular schaute sie auf die Uhr. Doch die Uhr war ihr Feind. Je mehr sie drauf schaute desto langsamer verging die Zeit. Sie seufzte: „Könnten die drei Jahre doch schon vorbei sein oder zu mindestens Feierabend." Die Hoffnung auf Feierabend gab ihr ein wenig kraft, so dass sie sich ein Spiel daraus machte und versuchte, diese scheinbar endlose Ablage, so schnell wie möglich zu erledigen. Um 16 Uhr hatte sie einiges geschafft. Sie war stolz auf sich und spürte so etwas wie Freude. Freude etwas geschaffen zu haben.

„Ach ich sehe du kommst gut voran. Hier hab ich noch einen neuen Stapel, der muss auch abgelegt werden. Danke dir," wendete eine tiefe Stimme zu Sarah, die nichts geringer war als ihr Chef. Er knallte ihr einen neuen Stapel auf den Tisch. Sarahs Atem wurde flacher und kurzatmiger. Eine Hitzewelle umkreiste sie und sie merkte, dass ihre Hände zu schwitzen begannen. „Jetzt reicht es mir! Ich verschwende hier mein Leben, mein kostbares Leben. Ich hab nur eines davon und was mache ich? Ich lege hier irgendwelches sinnloses Zeug ab, dass sowieso kein Mensch je wieder anschauen wird." Wütend legte sie den neuen Stapel zur Seite und setze sich an ihren Arbeitsplatz und durchforschte das Internet. Sie wusste nicht nach was sie suchen sollte oder ob sie überhaupt nach was Bestimmtem gesucht hat. Plötzlich fand sie eine Seite oder besser gesagt, die Seite fand sie. „Musicalworkshop, sei dabei und lebe deine Kreativität aus." Sahras Augen begannen zu glänzen, nur schon alleine bei dem Wort Kreativität. Nicht für einen Moment musste sie überlegen, ob sie das machen will. Dieser Stempel galt ihr und da stand Teilnehmerin drauf. Der Workshop war in den Sommerferien und so war es leicht Ihre Eltern zu überzeugen. Mama freute sich wie immer, eine weniger im Haus zu haben, die sie bekochen musste. Die finstere Aura der Arbeitswelt versuchte Sarah wieder in Ihren Bann zu ziehen und auf die Knie zu zwingen. Doch dieser kleine Funken Freude, den sie spürte, vernichtete die ganze düstere Aura. Je näher der Tag kam, desto mehr verstärkte sich dieses Gefühl der Freude und als er endlich da war, blühte dieses in voller Pracht.

Sarah lernte Tanzchoreografien, Lieder, Schauspieltechniken aber was am wichtigsten war; sie lernte die wahre Bedeutung von glücklich Sein. Ihr war klar, dass dieser Moment nur für eine kurze Zeit sein wird und ihr schon bald wieder brutal entrissen wird. Sie fürchtete den Moment und verdrängte ihn. Sie beschloss ihren Fokus auf das Stück zu legen. Sarah gab ihr Bestes, was nicht unbemerkt blieb. Die Show war ein großer Erfolg und Sarah ergatterte sogar eine Hauptrolle, obwohl sie weder Tanz, Gesang oder sonst irgendwelche Erfahrungen vorweisen konnte. Sie bekam viele Komplimente für Ihre Rolle. Ihre Familie schenkte Komplimente nur weil sie einen liebten. Sie bekam auch Komplimente von anderen Workshop Teilnehmenden aber auch die nahm sie nicht sonderlich ernst. Sogar fremde Elternteile kamen auf sie zu und meinten, dass sie toll gespielt hat aber auch nur diese stempelte Sarah als Freundlichkeit ab und legte es in den Ordner, wie sie es in der Arbeitswelt gelernt hat.

Nach der Show setzen sich alle nochmals kurz zusammen und die Lehrer gratulierten für den Erfolg. Wie schon erwähnt, mit Komplimenten konnte Sarah nicht gut umgehen. Sie beschloss daher einfach nur Dankbar zu sein und widmete sich innerlich schon wieder ihrer Ausbildung.

„Sarah, komm mal kurz mit," forderte sie eine Stimme auf. Schlagartig stieg ihr Puls wieder, der sich bereits in der abwärts Kurve befand. Ihr Herz pochte und sie brachte keinen vernünftigen Ton raus. Sie folgte ihm still. Es war ihr Schauspiellehrer, der sie über das ganze Stück begleitete. Sarah schwärmte heimlich von ihm.

Sie fand ihn toll, nicht nur menschlich aber auch die Art und Weise, wie er ihr Schauspiel beibrachte. Er war nicht nur Lehrer sondern auch ein erfolgreicher Schauspieler auf den Schweizer Bühnen. Es gab keine andere Wahl als von ihm beeindruckt zu sein. Was will er von mir? Eigentlich müsst ich ihn zur Seite nehmen und mich bedanken, weil ich so viel von ihm gelernt habe. Als er stehen blieb schaute Sarah ihn Nervös an. „Setz dich."

Was will er nur? Er war mein Idol, mein Held und jetzt wird er bestimmt sagen, dass er enttäuscht ist von mir. Das verkrafte ich nicht. Ich würde zusammenbrechen und nie wieder ein Fuß in richtig Musical wagen. Er schaute Sarah ernst an. „Weißt du eigentlich wie talentiert du bist?" Ich glaub, ich hab mich verhört. Das hat er jetzt nicht wirklich gesagt. Er setze weiter an. „Die kaufmännische Ausbildung, die du machst ist eine gute Grundausbildung." Ja war klar, mein Idol, mein Held, kommt jetzt mit den gleichen Worten wie alle in der Schweiz. Ihre Gedanken überhäuften sich und er bemerkte das Sarah immer mehr darin versank. „Hör mir zu," rüttelte er sie wach. Sarah war wieder voll und ganz auf ihn fokussiert und bemerkte nebenbei wie ihr Herz raste. „Es ist eine gute Grundausbildung, aber es ist nicht das Richtige für dich. Ich hab dich kennen gelernt. Von Tag zu Tag bist du mehr aufgeblüht, du hast so eine Freude ausgestrahlt, die nicht nur ich sondern jeder hier gespürt hat."

Er setzte weiter an. „Sarah, du hast zwar noch nicht die Erfahrung aber für mich bist du ein Rohdiamant, der nur noch geschliffen werden muss." Sie schaute ihn an und ihre Augen wurden feucht. Diese Worte, die Sarah sich innerlich so sehr gewünscht hat, waren da. Das hätte von keinem Besseren gesagt werden können, wie von ihm. „Sarah, es gibt so viel mehr im Leben und du kannst das alles erreichen, alles was du willst. Glaub an dich und öffne dein Herz."

Wie ein Blitz traf es sie. Diesen Satz hat sie vor langer Zeit schon einmal gehört. Die Botschaft hatte sie tief in ihrem Herzen verbannt. Das Herz konnte es aber nicht länger verstecken und die Bedeutung des Satzes brach aus der Dunkelheit und fand den Weg ins Licht. Die Bedeutung wurde real, noch realer als damals und Sarah verstand. Sie begann langsam ihrem Herzen zu Vertrauen.

Die tristen Arbeitstage fingen zwar wieder an doch die Dunkelheit hatte keine Macht mehr über sie. Sie suchte sich eine Musicalschule und fand diese in Hamburg. Sie war sich dessen bewusst, wie teuer so eine Ausbildung ist und ihr wurde klar, wie gern sie ihre kaufmännische Lehre hingeschmissen hätte, sie brauchte diese. Denn sie brauchte das Geld. Ihre Eltern konnten ihr das nicht finanzieren. Das wollte sie auch gar nicht: Sie wollte es alleine schaffen, auch wenn es dann heißt, sich für ein paar Jahre der Gesellschaft zu ergeben. Sarah rechnete sich aus, wie viel sie jeden Monat auf die Seite legen muss damit sie Ihr Ziel erreicht. Sie begann nicht nur zu sparen, sondern begann auch sich weiterzubilden. Sie nahm Tanzunterricht, Gesangsunterricht und ab und zu machte sie einen Schauspielworkshop. Diese drei Tätigkeiten erleichterten ihr Alltagsleben sehr. Sie hatte ein Ziel vor Augen und eine Hoffnung, die sie sich von keinem mehr nehmen ließ.

So vergingen die Tage und sie wurde immer besser. Mit jedem Tag, an dem sie besser wurde, kam aber auch Ihre Abschlussprüfung für die kaufmännische Ausbildung näher. Die Prüfung war hart. Denn sie war kein kaufmännisches Talent. In Ihrer Abschussprüfung kamen gleich drei Sparten auf sie zu, welche sie bestehen musste. Buchhaltung, Wirtschaft und Informatik. Die Option nicht zu bestehen, stand aber gar nicht zur Debatte. Sie musste sich zusammen reisen und büffelte, wie sie noch nie zuvor gebüffelt hat.

Das Lernen machte sich bezahlt. Sarah bestand Ihre Abschlussprüfung und sie durfte sich nun Industriekauffrau nennen.

Ihre schweren Ketten, die sie an den Armen trug und sie an den Turm fesselte zerbrachen. Die Gesellschaft ließ sie aber nicht frei. Der Gedanke, dass Sarah nun tun kann was sie will, gefiel ihr nicht. Sarah muss sich anpassen. Sarah muss sich der Norm anschließen. So wurde Sarah ein weiteres Mal weggesperrt, diesmal zwar ohne Ketten aber dafür in ein ödes Land, das nur noch aus Arbeit bestand.

So sehr sie auch gespart hatte, das Geld reichte einfach nicht. So musste sie sich nochmals zwei Jahre lang durchquälen. Irgendwann vergaß sie schon fast warum sie so sparte. Der Alltag brach ein und sie lebte vor sich her. Stand auf, verdiente ihr Geld und ging wieder nach Hause. Der alte Trott kam zurück, schlimmer noch wie bei der Ausbildung, denn da hatte sie immerhin noch die Abwechslung der Schule. Und wieder einmal mehr ergab sie sich der vernünftigen Gesellschaft und ihrem Berufsleben. Ihr Betrieb war froh darüber, denn sie war eine wertvolle Mitarbeiterin. Die einzige Verbliebende, die noch von den Besten gelernt hatte. Sarah musste traurig mit ansehen, wie eine liebe Person nach dem anderen die Firma verließ und so stand sie bald als Einzige da. Ihr Aufgabenbereich wurde immer grösser und sie bekam mehr Verantwortung. So übernahm sie die Verantwortung für die neuen Auszubildenden in ihrer Abteilung und bildete diese aus. Sarah fragte sich bei jedem neuen Lehrling, ob ihr Herz wohl auch gebrochen wurde. Ob sie den Beruf nur machen, weil die Gesellschaft es so will. Eines Tages bekam ihre Firma ein neues Betriebssystem und man zog Sarah mit ein. Sie übernahm die Projektleitung ihrer Abteilung zusammen mit Ihrem Chef und lehrte dann die Mitarbeiter in das neue Betriebssystem ein. Sowas wie

Glück hatte sie schon lange nicht mehr gespürt. Sie verdiente nun gut. So gab sie öfters Geld für viele kleine hübsche Dinge aus, in der Hoffnung, der Schrei ihres Herzens zu besänftigen. Jedes Mal wenn sie den Schrei hörte, kaufte sie etwas Materielles. Eines Tages war der Schrei aber so laut, dass Sarah hinhörte. Der Satz ihres Schauspiellehrers, ihrem Helden, ihrem Idol, fand den Ausgang von Sarahs Herzen und sie erinnerte sich an die Worte und deren Bedeutung.

„Es gibt so viel mehr im Leben und du kannst alles erreichen, alles was du willst, Glaub an dich und öffne dein Herz."

Sie beschloss einen weiteren Musicalworkshop zu machen. Sie suchte im Internet und wurde fündig. Sie fand einen Workshop genau von der Musicalschule in Hamburg, bei der sie die Ausbildung machen wollte. Es war wie ein Zeichen, denn es stand, dass diese Schule nach Zürich kommt, um einen Workshop zu geben. Schnell war klar, dass sie dahin musste und meldete sich an.

Wieder hieß es Texte lernen, Lieder üben und Tanzchoreografien einstudieren. Sarah spürte sich endlich wieder. Sie spürte all die Emotionen, die solange verborgen lagen. Sie spürte Glück, Freude, Liebe und der Schweiß der ihr runter lief. Denn es war harte Arbeit. All diese Emotionen, die sie endlich wieder spürte, waren ein so gutes und befreiendes Gefühl

„Das ist Leben." Es ist das was ich will und das tue ich jetzt auch. Sie meldete sich gleich in diesem Workshop für die Aufnahmeprüfung in Hamburg an, zählte zu Hause ihr Geld und war überrascht, dass sie doch so viel sparen konnte. Ihre Eltern waren auch überrascht aber nicht mit der Tatsache, dass sie so viel sparen konnte sondern, dass sie es jetzt richtig ernst meint.

Ihr Onkel war ihr größter Fan und er war stolz auf diese Entscheidung. Er gab ihr den restlichen Betrag, um die Ausbildung zu finanzieren.

Der Workshop war zu Ende und sie begann noch härter zu trainieren. Sie nahm nicht nur eine sondern zwei Gesangsstunden, ging nicht nur zweimal die Woche tanzen sondern die ganze Woche. Mit ihrem Schauspiellehrer, ihrem Helden, bereitete sie ihre Monologe vor, welche sie zeigen musste.

Der Tag kam näher. Sie packte ihren Koffer mit allem Wichtigen was für die Aufnahmeprüfung nötig war und flog nach Hamburg. Es war Sarahs letzte Chance Ihr Glück selbst in die Hand zu nehmen und endlich das zu tun, was sie schon immer wollte. Sie tanzte um ihr Leben, sang aus tiefstem Herzen und präsentierte einen emotionalen und hinreißenden Monolog mit festem Glauben und mit aller Kraft, um diese eine Prüfung zu bestehen. Die wichtigste Prüfung Ihres Lebens. Raus aus der tristen Business Welt und rein in die gefühlsvolle, kreative Welt der Musicals.

Zurück in Zürich angekommen wartete sie auf die Rückmeldung. Großer Brief bedeutete angenommen und kleiner Brief bedeutete Traum geplatzt, zurück in die Gesellschaft! Die Zeit schien Gefallen zu finden, sie zu quälen. Jeden Tag rannte sie zum Briefkasten in der Hoffnung, den einen Brief zu finden. Aber meist kamen nichts als Rechnungen. Eines Tages kam sie unerwartet von der Arbeit nach Hause und sah Ihre Mutter im Esszimmer. Sie lächelte ihr zu aber es war gleichzeitig auch ein weinendes lächeln. Es war der große Brief und der bedeutet nebst Freude auch Abschied, vielleicht für immer. So packte Sarah zum zweiten Mal ihren Koffer nach Hamburg. Sie war frei und der Schrei Ihres Herzens wurde nun endlich gestillt.

Ihre Melanie Macherel

Marie Matthäus

Bild Marie Matthäus (Fotograf: Katja Kuhl)

Marie Matthäus, Musicaldarstellerin & Schauspielerin, schrieb schon als Kind Geschichten und Schauspielszenen. Ihre Erlebnisse und Erfahrungen, kombiniert mit einer blühenden Fantasie, teilt sie in Ihren Gedichten, Geschichten und auch als Schauspielerin. Als kreativer Kopf mit immer neuem Tatendrang spielt sie ihre Rollen auf der Bühne und vor der Kamera und schreibt für ihre Leben gern. "Mein Motor ist, die Menschen nicht nur begeistern, sondern inspirieren und berühren zu wollen."

Weitere Informationen unter: https://mariematthaeus.de

Eine Garantie auf Glück gibt es nicht!

Hans im Glück, ist ein Märchen, dass genau beschreibt was Glück wirklich ist. Es kann nicht mit materiellen Dingen gewonnen werden.

Bezugnehmend auf diese Moral geht es in meinem Märchen um ein Mädchen, dass sich die Frage stellt was Glück ist. Das Mädchen begreift nicht warum es unglücklich ist und erfährt durch die Erfahrungen und den Weg den das Mädchen macht, dass sie selbst für ihr Glück verantwortlich ist.

Es war einmal ein kleines Mädchen, es wuchs auf einer Insel inmitten schöner Wälder und Seen auf. Das Meer, welches die Insel umschloss, spendete in heißen Sommertagen kühle Luft und im Winter ein atemberaubendes Wellenspektakel. Ihre besten Freunde waren die Pferde, ihr Hund und ihr Kater. Viele Kinder würden dieses Leben wohl beneiden. Doch ein Leben auf dem Land und auf einem Reiterhof hat auch seine Schattenseiten. Jeden Tag vor der Schule mussten die Tiere gefüttert werden, nach der Schule die Pferdeboxen gereinigt und die Tiere alle beschäftigt werden. Eine Arbeit die die ganze Familie beanspruchte. Zeit um mit Freunden zu spielen oder eine Übernachtungsparty zu unternehmen, oder gar in den Urlaub fahren, gab es nicht. Eines Tages fragte sich das Mädchen, welches nun schon 19 Jahre alt war und als Geschäftsführerin den Reiterhof übernahm „Was ist eigentlich Glück?". Sie fing bitterlich an zu weinen, denn sie wusste es nicht. Ihre beste Freundin war in eine ferne Stadt gezogen, ihre Familie war nur am Arbeiten und es gab kaum untereinander ein liebes Wort.

Was zählte war der Erfolg auf Reitturnieren und das der Name der Familie in aller Munde war. Das Mädchen hörte jeden Tag, das sie mehr schaffen müsse, es mehr leisten müsse, doch sie spürte, sie kann nicht mehr. Sie verzweifelte immer mehr und weinte sich in den Schlaf. Eines Tages sah sie ihren Hund an und fragte ihn „Was ist Glück? Warum bin ich nicht glücklich? Was quält mich so?" Der Hund schaute tief in ihre Augen und dem Mädchen kam ein Gedanke „Ich muss das Glück suchen!" So machte sie sich auf dem Weg. Mitten in der Nacht packte sie ihre Koffer, stopfte ihr Auto voller Dinge, die ihr wichtig waren und fuhr los. Ihr Weg führte sie nach Berlin. Sie lernte einen jungen Mann lieben und dachte „Das ist also Glück." Es schien zumindest so. Doch nach zwei Wochen voll vermeidlichem Liebesglück, meinte der junge Mann „Ich brauche Dich nicht mehr, ich fühlte mich eine Zeit lang einsam, doch nun bist Du mir lästig. Ich will das Du gehst." Völlig geschockt packte sie ihre Sachen wieder in das Auto und fuhr ziellos herum. Sie bestaunte die hohen Gebäude der Stadt und die vielen Menschen. „Diese Menschen sind alle so in Hektik und sehen irgendwie traurig aus" dachte sie. Ihr Weg führte sie in eine kleine Vorstadt Berlins. In der Nähe fand sie einen Reiterhof und sie spürte die Sehnsucht nach ihren Tieren. Der Besitzer des Hofes lud sie ein zu bleiben und im Gegenzug ihm mit den Pferden zu helfen. „Na, wenn das kein Glück ist", dachte das Mädchen. Doch der Mann hatte ganz anderes im Sinn. Seine Frau war oft Tage lang auf Geschäftsreise und er fühlte sich einsam. Er wollte nicht nur, dass das Mädchen die Pferde versorgte, er selbst wollte ihre Nähe spüren. Das Mädchen verstand, dass sie auf Männer eine Wirkung hat, die ihr bis dato nicht Bewusst war. Doch was sollte sie nun tun? Er erpresste sie. „Wenn Du nicht machst was ich will, dann schmeiß ich Dich raus. Du wirst ein erbärmliches Leben in Deinem Auto weiterführen." Da fasste sie sich an ihr Herz und … „Dann lebe ich lieber in meinem Auto. Hier gibt es eh kein Glück für mich zu finden!" Weinend saß sie in ihrem Auto. „Wie soll es jetzt weiter gehen? Soll ich aufgeben und wieder zurück zu meine Familie? Meine Familie ist schwer enttäuscht von mir, da ich nicht geblieben bin und ihre Vorstellung vom Leben teile, ich kann nicht zurück." Plötzlich klingelte ihr Telefon, eine Frau, die immer auf dem Familienreiterhof Urlaub gemacht hatte, wunderte sich, dass das Mädchen dieses Mal nicht da war. Die Frau lud das Mädchen ein, bei ihr so lange zu wohnen, bis sie auf eigenen Beinen steht. „Welch Glück ich habe!" Doch auch hier, war das Glück schnell erloschen. Die Frau war überfordert mit Haushalt und zwei Kindern. Das Mädchen musste das Haus in Ordnung halten und die Kinder versorgen, durfte aber nicht mit essen sondern musste sich selbst versorgen. Da sie kein Geld hatte, machte sie sich jeden Tag Teigklumpen die den Magen füllten. Sie dachte an ihre Tiere und wie sehr sie sie vermisst. Doch sie wollte nicht aufgeben, sie suchte weiter nach ihrem Glück. Sie fand einen Job in einer Versicherungsgesellschaft. Der Abteilungsleiter stellte sie sofort ein und sie spürte, jetzt geht es Bergauf. Doch nun hatte sie keine Zeit mehr, sich auch noch um das Haus und die beiden Kinder zu kümmern. Darum setzte die Frau sie auf die Straße. Doch glücklicherweise verdiente sie nun Geld und konnte sich ihre erste Wohnung leisten. Sie wurde schnell die beste im ganzen Büro. Sie verkaufte die meisten Versicherungen und war beliebt. Ihr Abteilungsleiter wollte allerdings mehr. Er bedrängte sie und gab ihr zu verstehen, dass sie nur eine Chance in der Firma hat, wenn sie sich auf ihn einlässt. Er erzählte den Kollegen, dass sie eine Liebesbeziehung hätten und terrorisierte sie nachts am Telefon. Verängstigt und verzweifelt wendete sie sich an den Chef der Firma. „Du bist selbst schuld, wenn Du mit Rock und Bluse so aufreizend durch das Büro läufst, da musst Du Dich nicht wundern. Entweder Du klärst das allein mit Deinem Abteilungsleiter oder Du kündigst."

Sie ging stillschweigend und verlor wieder alles. Sie musste aus der Wohnung ausziehen, da sie kein Geld mehr hatte und sie fühlte sich gedemütigt und ausgenutzt. „Seit zwei Jahren suche ich nun schon nach dem Glück. Ich glaube so etwas wie Glück gibt es nicht." - Halt, Stopp, Märchen enden doch immer mit einem Happy End! - Das Mädchen besann sich auf die Dinge, die es als Kind glücklich machte. Sie sah sich auf einmal wie sie durch die Wälder geritten war, wie sie beim misten der Pferdeboxen fröhlich sang, wie sie auf jeder Feier im Dorf tanzte, eigene selbstverfasste lustige Stücke schauspielerte und davon träumte mal auf einer großen Bühne zu stehen und Standing Ovations zu erhalten. „Warum vergaß ich meine Träume mit der Zeit? Ich ließ mich leiten von meiner Familie, hörte was diese wollte und für mich für das Beste hielt. Doch war es das was ich wollte? Nein!" Das also machte das Mädchen so unglücklich über die vielen Jahre, sie vergaß was sie eigentlich wollte, wovon sie träumte. Doch kann sie ihren Träumen einfach so Raum geben? Wie soll sie denn ohne Geld und ohne wieder Gefahr zu laufen ausgenutzt oder bedroht zu werden ihre Träume verwirklichen? „Wenn ich Alt bin, will ich mir niemals vorwerfen, ich hätte zu schnell aufgegeben." So setzte sie sich in ihr Auto und fuhr nach Hamburg und wurde tatsächlich von einer Musicalschule aufgenommen. Ihre neu gewonnen Freunde unterstützen sie und ihre Familie war stolz auf das Mädchen, dass sie endlich einen Weg gefunden hat, was sie will und was ihre Leidenschaft ist. Und die Moral von der Geschichte: Eine Garantie für das Glück gibt es nicht. Aber eine Garantie für Unglück ist, sich selbst und seine Träume zu vergessen!"

Ihre Marie Matthäus

Julia Pfeiffer

Bild Julia Pfeiffer (Fotograf: Gabi Nagel)

Julia Pfeiffer, geboren in Österreich, absolvierte das European Business College in München, um in einem Fremdsprachenbüro zu arbeiten. Wirklich? War es das?

Um in diesem trockenen Alltag zu überleben, begann sie sich wieder auf ihr Hobby zu konzentrieren, das sie 12 Jahre lang durch die ganze Schul- und Studienzeit begleitete: Das Schreiben. Kurz darauf wurde ihr erstes Buch vom Schwarzbuchverlag in München entdeckt und sogleich auf der Leipziger Buchmesse veröffentlicht: „Time Tunnel – Reise zu den Schwarzen Augen". Für Time-Tunnel ist eine 5-teilige Fantasy-Serie für Teenager und junggebliebene Erwachsene geplant. In den Büchern geht es um Zeitreisen, Magie, Schulalltag, Mobbing, Freundschaft und eine Prise Romantik – also Themen, die junge Menschen beschäftigen. Auch der 2. Band ist bereits erschienen „Time Tunnel – Reise zu den Human Robots."

Die außerdem als Model, Moderatorin und Schauspielerin tätige Autorin ist gerade dabei ihr drittes Buch der Time Tunnel-Serie zu schreiben. Zusätzlich ist zusammen mit Peter Buchenau ein Fictionbuch für Erwachsene in Arbeit: „Der Feind in meinem Körper".

Red Hat und die digitalisierte Großmutter

„Auch in der veränderten Rotkäppchen Geschichte geht es ganz klar um den „Feind in Großmutters Körper" – überspitzt dargestellt, aber in einigen Firmen und Ländern bereits bittere Realität.
Leider schwimmt auch „Red Hat" auf der Handysucht-Welle mit und bekommt dadurch von der Außenwelt nichts mit, ja, sie gerät sogar in Gefahr. „Red Hat" sollte auch ein Wachrütteln für uns alle sein. Müssen wir immer vernetzt sein und in einer virtuellen Welt leben?

Oder schalten wir mal das Smartphone aus und sehen uns mal die richtige Welt mit all ihrer Schönheit an?

Es ist höchste Zeit zu handeln – sonst enden wir noch so wie die Großmutter bei „Red Hat".

Es war einmal ein Teenager namens Red Hat. Den Spitznamen hatte sie von ihren Schulfreunden bekommen, da ihr Markenzeichen eine rote Flexfit-Cap war, und sie nie ohne diese aus dem Haus ging. Red Hat lebte mit ihrer geschiedenen Mutter und ihrer Halbschwester in einem Reihenhaus am Stadtrand.

Eines Tages bat ihre Mutter sie, die Großmutter zu besuchen. Die ältere Dame war etwas geschwächt durch eine Zivilisationskrankheit und brauchte eine Stärkung. Diese Stärkung beinhaltete eine umweltfreundliche Leinentasche voll mit ungespritztem Bio-Low-Carb-Gemüse und einem laktosefreien, zuckerfreien, cholesterinfreien, glutenfreien und geschmackfreien Kuchen, sowie einer Packung mit Mineralstoffen insbesondere Magnesium.

„Geh bitte zu Fuß zu ihr", befahl die Mutter in strengem Tonfall. „Das Auto erhöht nur unnötig unsere CO_2-Werte und unseren ökologischen Fußabdruck."

Red Hat sah in dem Moment von ihrem Smartphone auf. Sie hatte gerade auf instagram eine neue Story gepostet und war jäh aus ihren Gedanken gerissen worden. Oh Mist! Was hatte ihre Mutter nur gesagt? Hätte sie doch besser aufgepasst.

„Nimm dein Google Maps Smartphone, dann findest du den Weg, falls du ihn vergessen hast und musst keine zwischenmenschliche

Konversation betreiben." Hörte Red Hat da vielleicht Sarkasmus in Mutter's Stimme?

Red Hat stöhnte leise. Sie wollte lieber daheim vor dem Computer zocken.

„Und geh bitte nicht durch den Wald – da sind letztens einige Menschen verschwunden. Man sagt, dass wilde Tiere im Wald sind – wie Wölfe oder Bären", fuhr die Mutter eindringlich fort.

Red Hat nickte nur abwesend, den Blick immer noch auf das Smartphone gerichtet. Sie hatte ihrer Mutter nur halb zugehört – wie es bei Teenagern so Sitte ist – und packte sich die Leinentasche.

Ohne sich von ihrer Mutter und Schwester zu verabschieden, ging Red Hat genervt aus dem Haus. Als sie draußen angekommen war, blinzelte sie. Seit wann schien denn die Sonne so stark? Oder war sie es einfach nicht mehr gewohnt, Tageslicht zu sehen, da sie sonst immer daheim vor dem Bildschirm saß?

Unwillkürlich sah sich Red Hat etwas genauer um, während sie das Handy in ihre Tasche steckte – eine sehr seltene Aktion. Gab es hier immer schon so viele Häuser? Und etwas links von ihr stand ein neuer Einkaufsladen mit trendigen Fashiondessous. Da musste sie unbedingt auf dem Rückweg vorbeischauen, damit sie die neuen Stücke gleich auf TikTok vormodeln konnte. Und weiter hinten gab es ein Schuhgeschäft! Schuhe! Red Hat liebte Stilettos und Sandalen. Die Versuchung war groß, einfach in den Laden zu gehen, aber sie musste sich konzentrieren – denn ihre Oma wartete schon auf sie. Oh. Red Hat bekam auf einmal weiche Knie. Dort hinten bei dem Cafe – einer bekannten, amerikanischen Kaffeekette – stand ein Mitschüler, in den sie heimlich verliebt war.

Und er lächelte sie sogar an. Red Hat wurde so rot wie ihre Kappe. Wieso hatte sie früher das alles gar nicht bemerkt? Die Cafes und die Einkaufshäuser hatte sie erst heute gesehen, aber die standen natürlich schon länger dort. Red Hat begann darüber nachzudenken. Vielleicht sollte sie nicht immer mit dem Blick auf dem Smartphone durch die Gegend laufen, sondern mit offenen Augen und aufrechter Haltung durchs Leben gehen. Nicht nur ihr Rücken würde ihr danken.

Obwohl der Reiz groß war, ihr Handy aus der Tasche zu holen, ließ Red Hat es bleiben, um die Heimatgegend, die sie eigentlich kennen sollte, zu erkunden.

Ihr Mitschüler lief in diesem Moment an ihr vorbei. „Na, Red Hat, wohin des Weges?", fragte er und seine blauen Augen blitzten.

Red Hat verschluckte vor Schreck fast ihren Kaugummi. „Ich… äh…. zur Großmutter, ich muss ihr etwas bringen. Und du?", Red hat fiel gerade noch ein zu lächeln.

„Ich bin am trainieren – ich habe morgen Fußballmatch. Möchtest du kommen und zuschauen? Meine Mannschaft spielt um 17:00." Red Hat konnte es nicht verhindern, dass sie wieder rot wurde. „Gerne."

Nachdem sie sich verabschiedet hatte, bemerkte Red Hat wie gut es gewesen war, dass sie nicht wie sonst immer aufs Handy gestarrt hatte, sondern richtig durchs reale Leben gelaufen war.

Sie kam am Waldrand an. Sollte sie da durchgehen? Schließlich kürzte sie dadurch den Weg zur Großmutter enorm ab. Sie erinnerte sich, dass ihre Mutter irgendetwas über den Wald gesagt hatte, aber nicht mehr genau was das war, da sie zu der Zeit mit dem Handy beschäftigt gewesen war. Mist.

Naja, es war am helllichten Tage und da konnte sicher nichts passieren. Unbekümmert bog Red Hat rechts ab und ging in den Wald hinein. Als sie ungefähr in der Hälfte des Waldes war, raschelte das Gebüsch hinter ihr.

Red Hat schrie vor Schreck und sprang einen halben Meter in die Luft.

War das etwa ein Wolf? Red Hat hatte sich nämlich sofort an das Märchen Rotkäppchen erinnert und fast ein Deja-Vu gehabt.

Es war zum Glück kein Wolf. Auch kein Bär. Ein bärtiger Mann mittleren Alters, der einen Seitenscheitel hatte und einen maßgeschneiderten Anzug sowie eine schwarze Hornbrille trug stand vor ihr. Red Hat wusste nicht, ob sie Angst haben sollte oder nicht.

„Ich heiße Wolfram", erklärte der Mann nach einer kurzen Schweigepause und gegenseitigem Anstarren. „Wohin gehst du?"

„Zur Großmutter. Sie wohnt gleich da hinten beim Waldemar Karree", antwortete Red Hat zögernd. Es gefiel ihr gar nicht, dass dieser Typ sie hungrig von oben bis unten anstarrte – so, als wollte er sie mit den Augen ausziehen. Red Hat wurde nervös. Sie hatte keine Ahnung, wie sie sich im Falle eines Falles helfen könnte. Wäre sie bloß nicht alleine durch den Wald gegangen und hätte auf ihre Mutter gehört!

Wolfram lachte, als könnte er ihre Gedanken lesen. „Das weiß ich.

Ich bin schließlich einer deiner instagram-follower und du hast es in deiner story gepostet. Es ist gefährlich, als junges Mädchen alleine in den Wald zu gehen."

Anstatt sich weiter zu ängstigen, wurde Red Hat wütend: „Ich bitte Sie, Ihre sexistischen Bemerkungen zu unterlassen."

Wolfram ging einen Schritt näher auf sie zu, aber schien sich in letzter Sekunde etwas anderes zu überlegen. „Ich würde dir empfehlen ein paar Aufnahmen von den seltenen Giftpilzen hier zu machen und auf instagram zu posten." Er deutete auf die purpurroten und knallblauen Pilze, die etwas weiter im Wald standen. „Solche Fotos haben die anderen nicht. So, ich muss los. Viel Spaß beim Fotos machen, Kleine."

Red Hat atmete erleichtert aus. Das war ja nochmal gut ausgegangen.

Es war viel später als sie bei der Großmutter ankam und dämmerte bereits.

Zaghaft klopfte Red Hat an die Tür. Niemand antwortete.

Seufzend läutete sie stattdessen an der Klingel. „Herein!", hörte sie am nächsten Moment von drinnen.

Nanu? Sonst machte ihre Großmutter immer die Türe auf. Ging es ihr so schlecht, dass sie nicht aufstehen konnte? Und wieso war die Türe unverschlossen? Da konnte ja jeder rein!

Red Hat trat ein und bekam auf einmal stechende Kopfschmerzen.

Was war denn nur hier los?

„Wo bist du?", schrieb sie ihrer Oma auf WhatsApp.

„Im Schlafzimmer", schrieb diese sofort zurück.

Red Hat stapfte ins Schlafzimmer, wo ihre Großmutter im Bett lag. Das Mädchen trat näher heran – ihre Großmutter sah anders aus.

„Was ist denn mit dir los?", fragte Red Hat vorsichtig. „Warum hast du so große Augen?"

„Das sind meine Eye-light Chips, damit ich dich besser sehen kann."

Was um alles in der Welt waren denn Eye-light Chips? Red Hat bekam eine Gänsehaut.

„Und warum hast du so große Ohren?"

„Das sind meine Hear-ful-Chips, damit ich dich besser hören kann."

Auch das kannte Red Hat nicht.

„Warum hast du so große Arme?"

„Da sind meine ganzen anderen Chips drin."

Red Hat stutzte. War ihre Großmutter verrückt geworden, sich so viele Chips einpflanzen zu lassen? Kein Wunder, dass es mit ihrer Gesundheit bergab ging. Da nützte auch die Leinentasche mit den Bio-Lebensmitteln nichts.

„Ah, da kommt er", lächelte die Großmutter mit einem gläsernen Blick.

Bevor Red Hat auch noch fragen konnte, wen sie meinte, stand auch schon Wolfram in der Tür. Er hatte sich umgezogen und trog jetzt ein Ganzkörperlederoutfit, damit sah er furchteinflößender aus als vorher im Wald. Red Hat schrie vor Schreck auf. Den hatte sie nun gar nicht erwartet und ein eiskalter Schauer lief ihr über den Rücken. „Ihm hab ich meine Chips zu verdanken." Die Großmutter lächelte immer noch wie von Sinnen.

„Tja, dadurch kann die Alte immer getrackt werden, wo sie ist, was sie wann macht und wie lange. Die paar Gesundheitsprobleme, die sie jetzt dadurch hat, interessieren mich nicht", sagte Wolfram mit eisiger Stimme. „Die ist eh schon alt und verreckt bald."

Red Hat bekam einen gewaltigen Schreck. Sie wollte einfach nur weg von dieser Szene und ihrer Mutter alles erzählen, aber konnte auch ihre Großmutter nicht alleine lassen. „Ich, äh, geh dann mal…", stotterte sie ängstlich, während sich Wolfram zur Großmutter beugte.

„Wo hast du deine Juwelen? Du musst es mir nicht sagen – ich kann es anhand deiner Chips ablesen", hauchte er, aber Red Hat hatte jedes Wort gehört. Schnell lief sie nach draußen und weit genug weg, um im Flüsterton die Polizei anzurufen und den Dorfarzt noch dazu. Sie zitterte vor Aufregung. Wie lang die wohl bis hierher brauchten? Hoffentlich hatte dieser Chip-Typ sie nicht telefonieren gehört. Wer weiß, wozu der fähig war.

Als die Beamten ankamen, fiel Red Hat ein Stein vom Herzen. Sie hatte so Angst gehabt. Das Mädchen deutete nur stumm mit ihrem Finger auf das Haus der Großmutter, in dem sich Wolfram noch mit den Schmuckstücken ihrer Oma vergnügte.

„Den haben wir schon länger gesucht", hechelte der adipöse Chefpolizist, während er und sein Kollege den Betrüger Wolfram in Ketten legten. „Red Hat, wir danken Ihnen."

Red Hat war so schockiert von der ganzen Sache, dass sie vergessen hatte, ihr Handy rauszuholen, um alles zu filmen. So eine Story wäre perfekt für Instagram…. Doch dann stockte sie. Durch ihr leichtsinniges posten auf Instagram war ihr dieser Wolfram gefolgt und hätte ihr fast etwas angetan. In diesem Moment kam auch der Dorfarzt, den Red Hat schon kannte, seit sie ein Baby war. „Bitte entfernen Sie meiner Oma diese doofen Chips", schrie Red Hat. „Ich kann das nicht mehr mit ansehen."

Der Dorfarzt wurde blass und lief sofort in das Haus um nach der Großmutter zu sehen, die in Ohnmacht gefallen war. „Wir müssen sie sofort in die Notaufnahme schicken! Deine Großmutter hat durch die vielen Chips einen Herzinfarkt gehabt." Red Hat lief es eiskalt den Rücken runter. „Ich glaub es nicht, Sie… Sie Mörder, Sie!", rief sie Wolfram zu, der gerade ins Auto der Polizei bugsiert wurde.

„Rufen Sie den Notarzt, sofort!", fiel ihr der Dorfarzt ins Wort.

Für ihre Großmutter kam leider jegliche Hilfe zu spät, aber Red Hat hatte etwas aus der Erfahrung gelernt. Und Sie, liebe Leser und Leserinnen, was können Sie für sich selber aus der Geschichte mitnehmen?

Ihre Julia Pfeiffer

Yasmin Röckel

Bild Yasmin Röckel (Fotograf: Yasmin Röckel)

Yasmin Röckel absolvierte ihre Schauspielausbildung in Stutt-gart. Danach spielte sie am Staatstheater Stuttgart, am Theater Lindenhof in Melchingen und wurde festes Ensemblemitglied an der badischen Landesbühne in Bruchsal. Von 2008-2021 war Yasmin freiberuflich im Theater-, Film- und Sprecherbereich tätig, Als Schauspielerin, Regisseurin, Synchronsprecherin, Tanz- und Theaterpädagogin, unter anderem am Theaterschiff Heilbronn, Figurentheater Eppingen ‚DIE Theaterexperten Ludwigsburg und am Heilbronner Kinder- und Jugendtheater RADELRUTSCH. Mittlerweile ist Yasmin fest an eben diesem angestellt. Außerdem ist sie eine der Partnerinnen von Peter Buchenau bei »Männerschnupfen«

Höher, schneller, weiter!

„Glück ist, was man im Herzen hat - oder nicht?
Wieviel Konsum muss sein?
Was braucht man, um glücklich zu sein?
MUSS man glücklich sein?
Oder ist zufrieden sein auch eine Option.
Dieses Märchen liefert zwar keine Antworten,
aber hilft vielleicht dabei,
die eine oder andere zu finden."

Es war einmal, vor gar nicht allzu langer Zeit ein Junge und ein Mädchen. Der Junge lebte in einfachen Verhältnissen, hatte es aber nicht schlecht. Seine Eltern liebten ihn und er hatte zwei große Brüder und eine große Schwester. Da er der jüngste war ,wurde er von allen verhätschelt, aber vier Kinder zu haben ist teuer, daher ging die Mutter auch Vollzeit arbeiten und es wurde gespart wo man konnte.

Zum Beispiel musste der Junge die Kleider seiner Brüder, aus denen sie herausgewachsen waren, tragen und bekam selten etwas Neues. Auch die Spielsachen wurden weiter gereicht, Wünsche eher selten erfüllt. Das klingt jetzt traurig, aber das war es nicht. Sein Kinderzimmer war ja dennoch randvoll mit Spielsachen, fast sogar voller als das Zimmer anderer Kinder.

Als er dann in das Alter kam, in dem man in der Schule die „richtigen" Klamotten tragen musste, bekam er sie nicht. Liebevoll belächelt von den Eltern bekam er Sätze wie: „Markenklamotten sind unwichtig, die werden genauso hergestellt wie alle anderen auch, sind nur fünfmal so teuer,", oder den Klassiker (wer hat ihn in seiner Jugend eigentlich nicht gehört) „Wenn die anderen von der Brücke springen…."

Seine Eltern fuhren einen uralten Opel, während die Eltern seiner Freunde immer die neuesten Daimler oder BMWs fuhren.

Das alles führte dazu, dass er früh schon Ferienjobs annahm, um sich das kaufen zu können, was sein Herz begehrte. Kindheit prägt…in diesem Fall aber anscheinend in die richtige Richtung.

Das Mädchen war da anders. Einzelkind von Mittelschichtseltern, er Abteilungsleiter, sie Lehrerin mit einem halben Lehrauftrag. „Prinzessin" bekam alles, was sie wollte, durfte alles ausprobieren, was sie wollte, Ballett, Reiten, Judo, Klavier spielen, Turnen und so weiter und so weiter. Sie war dennoch ein liebes, höfliches Mädchen, und da in ihrem Lebensumfeld fast alle Kinder so erzogen wurden, war es ihr überhaupt nicht bewusst, dass sie schrecklich verwöhnt wurde. Aber wenn man sein Kind liebt und es sich leisten kann, warum sollte man es nicht verwöhnen dürfen…

Das Mädchen musste sich nie Gedanken machen, wie es an etwas kommen konnte, daher probierte es viele interessante Hobbies aus und kam nie auf den Gedanken, sich selbst ein Taschengeld zu verdienen, Taschengeld hatte es ja auch genug.

Der Junge jedoch hatte in seiner Jugend schon bald ein Ziel vor Augen. Einen Job zu bekommen, mit dem er viel Geld verdienen und sich dadurch alles leisten konnte, was er sich wünschte. Und er wollte auch, wenn er irgendwann eine Familie haben würde, ihr alles geben können, was man ebenso brauchte, ein Haus mit Garten, Skiurlaub, überhaupt viel und exklusiv Urlaub machen, in Hotels mit Pool und Privatstrand auf den Seychellen oder so.

Bloß bitte nie wieder Urlaub auf dem Bauernhof, in einer nach Landluft riechenden Ferienwohnung mit 25 000 Stubenfliegen im Zimmer, ein Zimmer mit zwei Stockbetten, in denen er und seine Geschwister schliefen.

Und auch hier soll kein falscher Eindruck entstehen, diese Urlaube waren schön, sehr schön sogar, vor allem der eine, als er sich mit dem Hofhund, einem Border Collie – Schnauzer Mischling anfreundete und der ihm dann zwei Wochen lang nicht von der Seite wich, oder der Urlaub, bei dem er mit den anderen Ferienkindern die Mutprobe „wer traut sich, den Elektrozaun anzufassen" gespielt hatte. Dieses Gefühl des Stromschlags, der eigentlich überhaupt nicht schlimm , aber trotzdem tierisch unangenehm war, würde er nie vergessen.

Die Urlaube waren wirklich schön.

Nur wenn er dann wieder nach den Sommerferien in die Schule kam und alle von ihren tollen Aufenthalten auf Teneriffa, Mallorca, Zypern, oder Italien erzählten, Mit dem „All inklusive" oder noch besser, wenn sein bester Freund ihm vom totaaal krassen Aufenthalt im Robinson Club in der Türkei erzählte, wo er mit einen Jeep eine Rallye gefahren war, bei der extra ein Animateur dabei war, nur um auf ihn aufzupassen, da schämte sich der Junge für die Ferienwohnung mit Kuhduft, und die Geschichte mit der Mutprobe kam ihm dann einfach nicht spektakulär genug vor, um sie zu erzählen. Und der Junge schwor sich, dass er eines Tages genug Geld haben würde, um sich auch so tolle Urlaube leisten zu können.

Die Wahrnehmung ist wirklich etwas Faszinierendes. Die Urlaubsgeschichten der überwiegenden Zahl seiner Klassenkameraden waren seiner nicht unähnlich, Ferienwohnung, Bauernhof, Campingplatz. Aber diese Geschichten nahm der Junge nicht wahr.

Das Mädchen hatte auch keine Luxusurlaube auf den Seychellen, aber das war ihm völlig egal. Es hatte mal einen Hotelurlaub, mal einen mit Ferienwohnung und eben auch mal Camping. Dafür war es mehrmals im Jahr im Urlaub oder schnell mal auch über das Wochenende. Das Mädchen maß dem keinen hohen Wert zu, es war einfach Normalität. Auch verglich sich das Mädchen nie mit anderen, oder war neidisch auf etwas, das andere hatten und es nicht.

So wuchsen beide als gute Menschen heran. Aber auch gute Menschen machen nicht immer alles richtig.

Der Junge kam aufs Gymnasium, er war fleißig in der Schule, er hatte ja das Ziel, einen guten Job zu bekommen.

Aber er war natürlich auch kein Streber. Es war ja auch wichtig, cool vor den Freunden da zu stehen.

Im letzten Schuljahr kombinierte er seinen Ehrgeiz und seinen Wunsch nach Akzeptanz und Anerkennung einfach damit, dass er Freitagabend in einer ziemlich angesagten Bar arbeitete.

Das hatte viele Vorteile...

Zum einen verdiente er genug, um nur einmal die Woche zu arbeiten, zum anderen konnten seine Kumpel bei ihm abhängen und er ab und zu lässig eine Runde „aufs Haus" schmeißen, was dazu führte, dass er freitagabends wirklich viele Kumpel hatte.

Aber wie das manchmal so ist, wenn man jung ist, ist man oft dumm und sieht nur die Dinge, die man gerne sehen möchte. Aber das ist ein anderes Thema.

Auf jeden Fall war der Junge zufrieden mit sich. Seine Noten waren gut, Für einen Schüler genug Geld hatte er auch und beliebt war er obendrein.

„Läuft bei mir", dachte er nicht selten und er war dankbar dafür.

Er konnte stolz auf sich sein, es war ja nicht so, dass das Glück auf ihn zu flog, nein, er kam soweit durch Selbstdisziplin und Willen.

Das Mädchen war auch auf dem Gymnasium. Hatte aber eher mittelmäßige Noten. Warum auch nicht? Mama und Papa liebten es so, wie es war und nicht aufgrund der schulischen Leistung. Mama sagte auch immer: „ Mir ist es egal, ob du Abi hast oder nicht, ob du studierst oder nicht, mach was dich glücklich macht, dann bin ich auch glücklich", ach, was für eine feine Mama. Nein im Ernst, die Mama war toll, einen Löwenmama. Wenn das Mädchen mal Ärger hatte, dann war Mama gleich da und verwies alle in ihre Schranken, die mobbenden Mitschüler, die ungerechte Noten verteilenden Lehrer (was sie selbst als Lehrerin natürlich nie tat, also wirklich) und die Trainerin im Leichtathletik, die der Meinung war das Mädchen wäre auf der Ersatzbank besser aufgehoben.

Es ist wirklich wunderbar, so jemanden hinter sich zu haben, der für einen einsteht....aber wenn man nie lernt, mit Konflikten und Enttäuschungen zurecht zu kommen, wenn immer ein anderer die Probleme löst, dann steht man vielleicht irgendwann ziemlich blöd da, wenn der andere plötzlich mal nicht da ist.

Einige Jahre zogen in das Land.

Der Junge und das Mädchen studierten, er BWL und sie „irgendwas mit Medien", er kellnerte nebenher und half aushilfsweise bei einer Hinterhofwerkstatt aus, wechselte Sommer- und Winterreifen.

Er war überall beliebt, er hatte einen sehr einnehmenden Charme und er konnte sich perfekt an seine Umwelt anpassen, hatte den Jargon der Hinterhofwerkstatt drauf und konnte im Restaurant herrlich mit den Gästen über die aktuelle politische Lage fachsimpeln.

Und sein Studium beendete er mit einem Einserschnitt.

Das Mädchen ging während des Studiums nicht arbeiten, wozu auch? Das WG Zimmer wurde von den Eltern bezahlt und – Nein halt! Das Mädchen arbeitete doch! Es war Influencer auf Instagram. Es testete und bewarb verschiedene Produkte und wenn es das nicht tat, dann gabs eben nur einige hübsche Selfies. Und das Mädchen *war* hübsch. Es war sogar bildschön. Und nachdem es sein Studium abgeschlossen hatte ging es auf nach Berlin, um sich einen Job zu suchen.

So vergingen wieder einige Jahre und mittlerweile war aus dem Jungen ein stattlicher Mann geworden und aus dem Mädchen eine Frau, immer noch wunderschön, versteht sich. Der Mann hatte eine leitende Position in einer internationalen Firma und verdiente wirklich gut. Die Frau hatte auch einen guten Job, der cool war, aber jetzt nicht so viel einbrachte, aber das war ja auch kein Ding, weil Mama und Papa immer mal wieder halfen, wenn sie z.B. ein neues Auto brauchte.

So und jetzt kommt endlich der Moment, auf den wir die ganze Zeit zugesteuert haben.

Die beiden begegneten sich!

Es war auf der Geburtstagsfeier eines Freundes des Mannes. Nicht wirklich ein Freund, um ehrlich zu sein, die beiden waren sich nicht wirklich sympathisch, aber da jeder dem anderen einen potentiellen Nutzen in der Zukunft zuschrieb, verbrachte man gelegentlich Zeit mit einander, vorzugsweise in einer Gruppe anderer potentiell nützlicher Menschen.

Das Mädchen, Verzeihung, mittlerweile die Frau, war erst vor einem halben Jahr in die Stadt gezogen, da sie sich nach der Trennung von ihrem Freund komplett neu beruflich wie privat „selbst erfinden" wollte.

Sie hatte im Yoga die Lebensgefährtin des Geburtstagskindes kennengelernt, sie waren einige Male zusammen einen Kaffee trinken gewesen und so wurde sie kurzerhand auch zu dem Geburtstag eingeladen.

Die Frau freute sich sehr darauf, sie lernte gerne neue Leute kennen, und die meisten Menschen freuten sich auch, sie kennenzulernen, da sie ein herzlicher, sympathischer und fröhlicher Mensch war. Und außerdem war das die Gelegenheit, endlich mal das neue Kleid anzuziehen, das sie sich vor einigen Wochen gekauft hatte.

Der Mann hatte eigentlich überhaupt keine Lust auf den Geburtstag, er hatte die ganze Woche über sehr viel im Büro zu tun, dann musste er ständig noch nach Feierabend Freunde treffen und eigentlich sehnte er sich nach einem ruhigen Wochenende alleine mit irgendeinem guten Buch. Aber leider war heute dieser Geburtstag, dann morgen die Joggingrunde mit den Jungs und dann war er noch zum Mittagessen mit einer Freundin verabredet.

Aber jammern half nichts, es musste eben sein, dass er auf diese Feier ging, man wusste ja nie wofür sowas gut war.

Und da sah er sie…SIE…die schönste, süßeste, sexieste, attraktivste und überhaupt interessanteste Frau die er je gesehen hatte. Und das wusste er bereits in den ersten zwei Sekunden, in der er sie sah. Sie saß auf der Couch im Wohnzimmer des Freundes mit ein paar Leuten und folgte aufmerksam einer Unterhaltung, um hin und wieder ihr wunderschönes einnehmendes Lachen erklingen zu lassen.

Der Mann stellte sich ihn eine Ecke um sie zu beobachten und überlegte, wie er sie am besten kennenlernen konnte.

„Also wenn du hier schon alleine herumstehst und nur durch die Gegend schaust, kannst du dich doch kurz nützlich machen und mir helfen, die Snacks aus der Küche ins Wohnzimmer zu tragen,", sprach die Partnerin seines Freundes ihn an.

Kurz ärgerte es ihn, seinen Beobachtungsposten verlassen zu müssen, aber dann folgte er ihr lächelnd in die Küche.

Und das war eine gute Sache, denn während er dreimal mit einem Tablett voller Häppchen von der Küche ins Wohnzimmer lief, wurde seine Traumfrau auf ihn aufmerksam, da sie schon immer einen Hang zu hilfsbereiten Männern hatte, die sogar noch gerne im Haushalt halfen….und Häppchen durch die Gegend zu tragen, ging ja schließlich grob in diese Richtung…

Als die Snacks also im Wohnzimmer standen, ging die Frau direkt auf ihn zu und fragte „Also, du scheinst dich ja auszukennen, welche Sachen davon sind vegetarisch?",

Leider hatte er keine Ahnung, aber er bot an, sich durch die Snacks durchzuprobieren und dabei könne er ja sagen, was davon fleischfrei war.

Die Frau nahm lachend das Angebot an und so lernten sich die beiden kennen.

Sie trafen sich ziemlich häufig und schnell wurden sie ein Paar. Der Mann war sehr verliebt und ihm gefiel es auch sehr, wie seine Freundin überall ankam, er konnte sie wunderbar überall hin mitnehmen und war stolz, so eine tolle Frau an seiner Seite zu haben.

Sie liebte ihn auch sehr, und genoss es, dass er ihr scheinbar jeden Wunsch von den Augen ablas. Ja es war tatsächlich so, sah sie irgendetwas Schönes und erwähnte es gedankenlos, kam einige Tage später ein Päckchen an mit genau dem schönen Ding, das sie erwähnt hatte. Sie fühlte sich sehr wertgeschätzt und geliebt dadurch.

Und da kommen wir jetzt zu dem Problem, dass entstehen wird…

Der Mann überschüttet die Frau mit materiellen Dingen, zum einen, um ihr zu zeigen, was für eine tolle Partie er ist, zum anderen weil er denkt, wenn sie glücklich bei ihm ist, dann bleibt sie. Und drittens steht er unheimlich gut da, wenn sie ihren Freundinnen erzählt, was sie so alles bekommt.

Die Frau jedoch nimmt das gar nicht so wahr, sie ist ja von klein auf gewöhnt, dass sie immer alles bekommt und sieht den Wert der Dinge oft nicht. Sie braucht die meisten Sachen auch nicht und wäre auch ohne sie glücklich, aber sie denkt , wenn es ihm ebenso eine große Freude bereitet, sie zu beschenken, dann lässt sie es ihn eben machen.

Aber weiter in der Geschichte…

Nach einem Jahr zogen die beiden zusammen. In eine kleine Wohnung im Stadtzentrum der Stadt in der sie sich entschlossen hatten, gemeinsam zu leben. Alles war wunderbar, die beiden hatten einen Job, verdienten gut und lebten ihr leben.

Sie hatten nur ein Auto, da sie mit der Bahn zur Arbeit konnte und sie konnte auch alles zu Fuß erledigen, der Vorteil in der Stadt.

Einige Zeit später tendierten sämtliche Bekannten in ihrem Alter dazu, Kinder zu bekommen und ein Haus am Stadtrand zu kaufen…

Die Frau bemerkte anhand der schwangeren Frauen in ihrem Umfeld und den ersten Babys die da kamen, dass es nun wohl auch an der Zeit war, an ein eigenes Kind zu denken.

So wirklich begeistert war der Mann nicht, nicht weil er keine Kinder wollte, das wollte er ja schon, nur eben noch nicht jetzt. Er wollte sich lieber auf seine Karriere konzentrieren und wollte sich eine Familie eben auch finanziell entspannt leisten können.

Aber er hatte Angst.

Angst davor, seine Freundin zu verlieren, wenn er jetzt mit Gegenargumenten käme und er hatte Angst, so zu wirken, als könne er sich kein Haus leisten…

Also wurde nach einem Haus am Stadtrand gesucht, es wurde eins genommen und es wurde…der erste Kredit aufgenommen.

Dann stand die Hochzeit an. Wenn man Kinder plante, dann sollte man doch heiraten, da war der Mann altmodisch.

Freudentränen weinend nahm die Frau den Antrag an. Stolz zeigte sie allen den wirklich übertrieben teuren Ring.

Die Hochzeit sollte natürlich **die** Traumhochzeit sein. Es sollte eine sein, an die sich alle Gäste noch lange zurückerinnern sollten.

Dafür ging der Mann wieder zur Bank, ließ sich beraten und nahm einen Kredit für die Hochzeit auf.

Für die Hochzeit buchte er ein Hotel am Lago Maggiore, und er zahlte natürlich die Übernachtung der Gäste, um möglichst viele Gäste zu haben...

Der Kredit war nicht nur für die Hochzeit, nein, er war auch für das Auto, eine nagelneue Familienkutsche, die er seiner Frau zur Hochzeit schenken wollte. Er dachte, das käme sicher gut an und außerdem brauchten sie ja am Stadtrand ein zweites Auto, vor allem, wenn ein Baby geplant war.

Zwar wurde ihm ein wenig schlecht, wenn ihm bewusst wurde, wie viel Schulden er jetzt hatte, aber er hatte ja seinen Job und der schien sicher und es würde schon nichts schief gehen, solange er nur seine Frau hätte....seine Frau...SEINE...was für ein herrlicher Gedanke.

Aber die Luxusurlaube mussten schon sein, die wollte er seiner Frau weiterhin bieten, und das war an und für sich kein Problem.

Kurz nach der Hochzeit wurde die Frau, wie geplant, zum ersten Mal schwanger. Gemeinsam beschlossen sie, dass sie, bis das Kind in den Kindergarten kam, nicht arbeiten gehen würde, damit sie sich voll und ganz dem Nachwuchs widmen konnte. Sie bekamen einen Jungen.

Als der Kleine drei Jahre alt wurde, war die Frau plötzlich wieder schwanger, diesmal aber nicht geplant.

Jetzt musste ein größeres Haus her, die Kinder sollten ja genügend Platz haben. Und da viele mittlerweile einen Pool hatten, war es selbstverständlich, dass sie eben auch nach einen Haus mit Pool schauten...das war aber leichter gesagt als getan. Kein Haus gefiel der Frau so richtig.

So entschlossen sie sich, nach einem Gespräch mit der Bank, ein Haus nach ihren Wünschen zu bauen...

Der Mann war gestresst, klar ging das alles irgendwie, das alte Haus verkaufen, aber dadurch hatte er nun noch mehr Schulden und die nächsten Jahre würde die Frau mit dem neuen Baby auch zu Hause bleiben und langsam wurde es schon finanziell knapp.

Aber als seine Frau glücklich das Baby und das neue große Haus mit Pool, seinem Büro und ihrem Atelier allen Freunden und Familienangehörigen zeigte da war er stolz und glücklich ihr das alles bieten zu können und er war sich sicher, dass sie ihn liebte und dass sie stolz auf ihn sei.

So ging das einige Zeit weiter.

Er wurde befördert, er bekam mehr Gehalt, sie bekam das dritte Kind, ein größeres Auto musste her, Urlaub zu fünft war auch teuer und die Frau arbeitete nun als selbständige Künstlerin und malte. Ihre Bilder hingen auch schon in einer Galerie, worauf sie alle sehr stolz waren, nur verkauft wurde kaum eines, und sie wusste nicht, dass ihr Mann hinter ihrem Rücken die Galerie für die Zeit ihrer Ausstellung angemietet hatte...

Aber er liebte sie und es machte ihn glücklich, sie glücklich zu sehen. Auch wenn er langsam schlaflose Nächte bekam.

Beruflich ging es nicht mehr so vorwärts, er wurde manchmal von aufstrebenden Kollegen überholt, er hatte immer den Konflikt, Zeit mit seiner Familie verbringen zu wollen, aber auch genügend Geld verdienen zu müssen um den Wünschen seiner Familie und den gesellschaftlichen Ansprüchen gerecht zu werden.

Er fühlte sich überfordert. Ständig musste etwas repariert werden oder die Kinder brauchten etwas, der Skiurlaub musste sein, natürlich, und auch jeder brauchte dafür seine eigene Ausrüstung, leihen kam natürlich nicht in Frage. Die Reiterferien für die Tochter, das Fußball Camp für den Kleinen und die Klavierstunden für den Großen waren selbstverständlich. Und aus dem Auto wurde ein Bus, weil man ja auch Freunde mitnehmen musste. Und und und...

Und eines Tages brach der Mann zusammen. Psychisch.

Die Kinder waren alle im Bett und der Mann und die Frau saßen vor dem Fernseher.

Plötzlich bekam der Mann keine Luft mehr, sein Herz fing an zu rasen, er bekam Krämpfe und dachte er würde sterben.

Die Frau dachte an einen Herzinfarkt und rief den Krankenwagen, der ihn mitnahm.

Der Mann hatte aber „nichts", es war „nur" eine Panikattacke.

Bei ihm wurde Burn Out diagnostiziert, was die Frau aus allen Wolken fallen ließ.

Burn Out zum einen, weil er zu viel arbeitete und zum anderen, weil ihn die ständige Sorge, irgendwann nicht mehr alles zahlen zu können, sprichwörtlich erdrückte.

Nie hatte der Mann ihr erzählt, welche Sorgen er hatte, nie, wieviel Schulden, immer nur hatte er gelächelt und ihr jeden Wunsch von den Lippen abgelesen.

Sie fühlte sich so vor den Kopf gestoßen. Sie verstand ihn nicht.

Lange, lange redeten sie miteinander und er erzählte ihr, dass er Angst hatte, sie zu verlieren, wenn er ihr nicht alles bieten konnte, was sie sich wünschte und sie erzählte ihm, dass sie die Hälfte der Sachen, die sie hatte überhaupt nicht brauchte und dass sie ja doch Teilzeit arbeiten könnte, wenn er sie doch nur mal darauf angesprochen hätte und sie gestand ihm, dass sie Skifahren überhaupt nicht mochte, aber es ihm ja so gefallen würde und sie doch nur ihm zuliebe mitgegangen war.

Sie redeten lange und viel und beschlossen, ihr viel zu großes Haus zu verkaufen, der Pool wurde ja sowieso zu selten genutzt, die Kinder wollten ja doch lieber ins Freibad, und die Frau wollte sowieso schon immer lieber in einem kleinen alten Häuschen auf dem Land wohnen, dass sie selbst renovieren konnte.

So wendete sich alles zum Guten.

Aber was hat jetzt die Geschichte mit dem Fischer und seiner Frau zu tun...eigentlich nicht viel, aber irgendwie doch.

Die Frau vom Fischer war zwar die treibende Kraft, die immer mehr wollte. In meiner Geschichte denkt der Mann, seine Frau will immer mehr, bzw. braucht immer mehr, aber letztlich wird in beiden Geschichten übertrieben.

Beim „Fischer" will die Frau am Schluss gottgleich sein und landet wieder in der kleinen Fischerhütte ohne Reichtum . Das wird meistens so ausgelegt, als sei das die „gerechte" Strafe für jemanden, der so habgierig ist.

Ich habe irgendwo einmal eine andere Deutung gelesen, die fand ich aber sehr schön, da sitzt die Frau, die gottgleich werden wollte, aus dem Grund in der Fischerhütte, da sie ja nun ein ultimatives Wissen erlangt hatte, aufgrund ihres Wunsches, und dadurch zu der Erkenntnis gelangt war, dass man zum Glücklichsein diesen ganzen Schnickschnack nicht braucht, denn Glück ist, was man im Herzen hat und nicht in der Hand.

Ihre Yasmin Röckel

Verena Strass

Bild Verena Strass (Bildrechte: Verena Strass)

Verena Strass absolvierte ihre Musicalausbildung an der „Associated Board of the Royals Schools of London" in Kooperation mit einer deutschen Musikschule. Zusätzlich nahm sie Schauspiel- und Tanzunterricht, somit war der Weg für die ersten Musicals geebnet. Sie spielte in der AMS Produktion „Der kleine Horroladen" die Ronette und in „Simba, der König der Löwen" die Nala. Die nächsten 15 Jahre stand sie in unterschiedlichen Musical Highlight Tourneen durch Deutschland als Solistin auf der Bühne.

Im Ausland arbeitete sie als Live-Sängerin in einem großen Hotel und war eine Saison im Movie Park Germany als Sängerin und Schauspielerin zu sehen. In den letzten 10 Jahren arbeitete Verena zusätzlich als Moderatorin und performte eigene Shows bei Firmengala, Stadtfesten, Messen, Einkaufzentren und Sportjubiläen.

2017 hatte sie die Ehre, bei der Boxweltmeisterschaft im Mittelgewicht die Nationalhymne für Deutschland zu singen.

Honigfabrik Goldener Stachel

„Eine kleine Biene erlebt die raue Arbeitswelt unter dem neuen Management einer bösen Hornisse. Aber auch wenn in der Honigfabrik nicht alles immer so goldig ist, lässt sich die Biene mit Hilfe ihrer Freunde, mit Mut und Tapferkeit nicht unterkriegen."

Es war einmal vor langer Zeit, da befand sich am Hang eines Märchenwaldes eine große Honigfabrik. Das Gebäude war über Jahre von Architektenspinnen errichtet worden, hatte an allen Seiten Gänge für die Flugbienen zum Transport des Honigs, viele kleine Rohre, die in den Keller führten zum Weiterfluss des Honigs und innen in der Mitte eine große Kuppel, die sich über mehrere Etagen erstreckte. Viele unterschiedliche Waben waren kunstvoll übereinander gebaut und fungierten als Arbeitsplätze, Besprechungs- oder Aufenthaltsräume. Im Keller des Gebäudes liefen die Rohre, in denen der Honig floss, zusammen. Der Honig wurde dort weiter verarbeitet und es gab eine extra Abteilung zur Entwicklung und Herstellung feinster Tonkrüge. Es war ein großes pompöses Bauwerk und darin arbeiteten täglich ab dem frühen Morgen viele fleißige Bienen und Käfer. Die Bewohner des

Märchenwaldes liebten Honig, daher war es ein sehr lukratives Geschäft und zu den kleinen Hobbyverkäufern aus den Nachbardörfern gab es nur zwei große Anbieter. Bauer Bärtig mit seiner ökologischen Honigfarm und diese Honigfabrik „Goldener Stachel". Das Familienunternehmen wurde von Generation zu Generation weiter gegeben, doch nachdem die Geschäftsleitung vor ein paar Wochen den Mitarbeitern mitgeteilt hatte, dass sie in den Ruhestand geht und man ein externes Management mit der Leitung der Fabrik beauftragt hatte, war die Stimmung bei den Bienen und Käfern sehr angespannt, aber es sollte noch viel schlimmer kommen.

„Achtung!" Ein lautes Zischen war zu hören und knapp neben der zierlichen wunderschönen Biene Bella schlug ein großer Tonkrug nur knapp neben ihr auf dem Boden ein und es gab einen riesigen Knall. Nur ein paar Zentimeter weiter nach links und Bella wäre geköpft worden. Erst im letzten Monat hatte es hier einen tragischen tödlichen Unfall gegeben. Das neue Management unter der furchteinflößenden Hornisse wollte Sparmaßnahmen ergreifen, um mehr Profit zu machen, und so wurden die Korridore und Ablagen nicht mit einem zusätzlichen hochwertigen Spinnennetz gesichert, denn gute Ware aus dem einheimischen Wald war sehr teuer und in den Augen der Hornisse unnötig. Daher hatte man notdürftig aus benutzten Raupenkokons die Fäden aus dem Nachbarland einfliegen lassen, das dem schweren Gewicht der Krüge nicht stand halten konnte, optisch aber ähnlich war, nur um den jährlichen Auditor zu besänftigen.

Bella schüttelte den Kopf. Sie war nun mehr als 10 Jahre in der Honigfabrik tätig und alles lief wunderbar, bis das alte Management in den Ruhestand ging und die Hornisse und ihr Wespengefolge die Leitung der Honigfabrik übernahmen. Bellas erste Begegnung mit der Hornisse stand nicht unter einer guten Blume. Sie war eine fleißige, sehr schlaue und herzensgute Biene, die immer an das Gute in den Insekten glaubte. Ihre Empathie und Sensibilität für andere Insekten gaben ihr eine großartige Sozialkompetenz. Sie war bei allen beliebt, nur hatte sie auch einen ausgeprägten Gerechtigkeitssinn, der sie manchmal in Schwierigkeiten brachte. An diesem Tag kam die große Hornisse in die Versammlungswabe, um sich allen vorzustellen. Die tiefschwarzen Augen funkelten, die Haare sahen wie geleckt aus an ihrem Körper und als sie den Raum betrat, wurde von ihr ein großer Schatten an die Wand geworfen. Ein Raunen ging durch den Raum und ehrfürchtig rückten die Bienen und Käfer ein Stück zurück. Mit der Hornisse kamen die Wespen, eine unangenehme Truppe von gewalttätigen Insekten. Sie hielten der Hornisse den Rücken frei und erledigten die „Drecksarbeit". Die Wespen hatten sich um die Hornisse gescharrt, sie bildeten jetzt mit ihr den neuen Vorstand. Bella dachte sich *so müsse ein Trupp Söldnerwespen aussehen*. Die neue Azubiene hatte durch einen Flugunfall einen Flügel abgeknickt, aber sie leistete trotz ihrer körperlichen Einschränkung eine tolle Arbeit. Die Hornisse belächelte kalt die kleine Azubiene und fragte sie: „meinst Du, dass Du es schaffst mir die Teilnehmerliste beidseitig zu beschriften?" Bella sagte ohne zu zögern trocken: „Sie ist nur körperlich, nicht geistig behindert". Blitzschnell drehte sich die große Hornisse zu ihr herum und schaute sie an, als ob er sie mit einem Flügelschlag zerquetschen würde. Die anderen Insekten tuschelten entsetzt, sie waren von Bellas Mut beeindruckt, aber damit hatte sie sich keinen Gefallen getan. Die dicke Hummel aus der Design Abteilung kickte die kleine Azubiene grob weg und sagte: „Ich werde die Liste vorbereiten, möchten sie auch noch ein Honiggetränk, warm oder kalt?" Die dicke Hummel war für ihre schleimende Art bekannt. Sie war faul, hinterhältig und dumm. Wenn sie eine anspruchsvolle Arbeit bekam, sagte sie: „Der Honig ist gegessen", delegierte die Arbeit an Andere, laberte den ganzen Tag in irgendwelchen Ecken mit Managerinsekten herum und steckte gerne den Chefs als Gefälligkeit Informationen zu. Da sie sich beim Management immer beliebt machte, traute sich keiner etwas zu sagen, aber sie wurden von vielen verachtet. Die Hornisse sprach mit tiefer Stimme: „Es wird hier einige Umstrukturierungen geben, damit wir mehr Effizienz in der Firma haben. Zunächst einmal werden wir 10 Prozent eures Gehaltes einbehalten, ihr müsst euch ab jetzt an den Honigwaben finanziell mit beteiligen". Die Mitarbeiter schauten entsetzt, denn die Gehälter waren eh nicht so hoch, aber die Blüten, das gängige „Zahlungsmittel im Märchenwald" reichte, um überleben zu können. Die sadistische Hornisse liebte ihre Machtposition, sie hatte ein starkes Geltungsbedürfnis und verachtete alle Insekten, die sie nicht vergötterten.

Die „Umstrukturierungen" fanden schon die nächsten Tage statt und den Hornkäfer aus der Rechnungsabteilung traf es als Erstes. Er schimpfte lautstark, als die drei Wespen ihn mit seinen kleinen Büropflanzen unter dem Arm raus beförderten. „Das könnt ihr nicht machen, ich bin schon seit 20 Jahren im Unternehmen", schrie er durch den Flur. Die Hornisse kam aus dem Büro und sagte: „Was glaubst Du, kannst Du dagegen machen, alter Käfer?" In anderen moderneren Unternehmen gab es mittlerweile eine Gemeinschaft von Insekten, die für Gerechtigkeit in der Fabrik sorgten, den „Insektenrat", aber diese Firma hatte keinen, so konnte die Hornisse ihre Macht ausspielen, solange und wie sie wollte. Beim alten Geschäftsführer war dieser nicht nötig und der Neue hatte schnell dafür gesorgt, dass niemand sich traute den Rat zu gründen.

Bellas Highlight in der Firma war neben ihrer Arbeit, die sie eigentlich gerne machte, ihre Gespräche mit dem IT Maikäfer Milo. Der Käfer war nicht nur eine Augenweide und wurde von vielen Bienen in dieser Fabrik heimlich umschwärmt, er war auch ihr bester Freund und kannte sie aus Kindheitstagen. Er fand die kleine Biene süß und war von ihrer reinen und ehrlichen Art begeistert. Die Beiden verstanden sich auch blind und ohne Worte. Wenn es eine Seelenverwandtschaft gab zwischen zwei Insekten, dann zwischen ihnen. „Hey Milo, wie sieht es aus", sagte Bella, und schleckte ein Honigeis in der Hand, denn so ließen sich die Sommertemperaturen im Gebäude ertragen. Es gab eine Klimaanlage, aber aus Kostengründen lief diese natürlich nur in der Management Etage. Milo setzte sich mit Bella auf die Kante eines Einflugeingangs, der zurzeit nicht genutzt wurde. Hier war ihr absoluter Lieblingsplatz, wo sie sich jeden Mittag zur Pause trafen. Er betrachtete zärtlich die kleine zarte Biene mit der lustigen Stupsnase. Eines Tages würde er sie heiraten. „Ach, es ist total schwierig, so zu arbeiten", seufzte Milo. Das Betriebsklima war so toll und nur durch eine Person haben jetzt schon viele Angst morgens arbeiten zu gehen. Bella runzelte die Stirn. Sie wollte sich nicht einschüchtern lassen. Egal wie sehr sie unter der Situation litt, Aufgeben war keine Option. „Wir lassen uns was einfallen", sagte sie und lehnte sich an die breite Schulter ihres Freundes.

Auf dem Rückweg an ihren Arbeitsplatz sahen sie schon Trauben von Bienen zusammen stehen und tuscheln: "Unfassbar, das können die nicht machen". Bella lief es eiskalt den Rücken herunter, denn sie wusste was jetzt passieren würde. Die drei Wespen kamen, man nannte sie auch das Dreigestirn des Bösen unter den Mitarbeitern. Die Wespen packten eine zierliche kleine Arbeiterbiene grob an den Flügeln, schleppten das schreiende

Bündel bis zum Eingang der Fabrik und beförderten sie mit einem kräftigen Tritt nach draußen. „Bella, komm bitte in meine Wabe". Die penetrante Stimme der dicken Hummel ließ die kleine Biene aufschrecken. „Ich habe eine Aufgabe für dich". Die Hornisse hatte der Hummel die Aufgabe gegeben, ein neues Design für einen Krug zu entwerfen. Dieser sollte stylischer und leichter sein als von Bauer Bärtig. Bella wusste was jetzt kommt. Die behäbige Hummel trampelte mit ihr in sein Büro, so dass ein Glas mit Honigsaft auf dem Tisch ins Wackeln kam. „Ich habe eine Aufgabe für dich", sagte die Hummel mit einem feinen ironischen Unterton. Bella wusste, wenn sie es besonders gut machte, gab die Hummel es bei der Hornisse als ihre eigene Arbeit aus und wenn nur ein kleiner Fehler drin war, oder es der Hornisse nicht gefiel, sagt die Hummel: „Das hat Bella gemacht, ich wollte ihr mal anspruchsvollere Arbeit geben, aber es war klar, dass sie versagt". Die Hummel liebte es zu delegieren und je mehr Arbeit Bella hatte und darunter litt, umso besser fühlte sich die dicke Hummel. Sie war ein kleines Ebenbild der Hornisse und sie profitierten wunderbar voneinander. Die Hornisse hatte inmitten der Arbeiter ein Sprachrohr und bekam alle Geheimnisse zugesteckt und dafür bekam die Hummel ein größeres Wabenbüro, wurde bei allem bevorzugt und steckte sich die dicksten Blüten ein. Bella liebte Herausforderungen und sie war sehr kreativ in ihrem Gebiet, so war die Gestaltung eines neuen Kruges mit modernerem Design ihr Ding. Sie arbeitete jede Stunde daran, in der sie nicht bei der Honigverpackung und Verschickung helfen musste und war stolz als sie nach ein paar Tagen einen neuen hübschen Krug in einem cremefarbenen Design in den Händen hielt. Stolz zeigte sie ihn der Hummel, diese Mal würde er sie sicher bei der Hornisse loben. Bella sagte zur Hummel: „Denk daran ihn zu imprägnieren, sonst klebt und färbt die Farbe ab". „Sicher", sagte die Hummel arrogant. 15 Minuten später sah Bella wie die Hummel stolz der Hornisse im Flur ihren neuen Krug präsentierte. „Es war sehr viel Arbeit und ich habe Stunden daran gesessen", hörte sie die faule Hummel sagen. Die Hornisse schaute sich den Krug genau an und nahm ihn in die Hand. Bella war auf dem Weg zur Hornisse, um eventuelle Fragen zum Material zu besprechen, denn die Hummel wusste ja nicht, was sie da als ihre Arbeit ausgab. Plötzlich blickte die Hornisse angewidert auf den Krug. „Was soll das", brüllte sie, „er klebt und ich habe jetzt Farbe auf meinen Händen". Die Hummel blickte gehässig in Richtung von Bella und sagte: „Die Mitarbeiterin hat wohl vergessen den Krug zu imprägnieren, wie ich ihr vorhin gesagt hatte, ja gutes Personal ist heute schwer zu finden". Bevor Bella noch was erwidern konnte, spürte sie einen heftigen stechenden Schmerz in ihrem Gesicht und ihr stiegen die Tränen in die Augen. Die Hornisse hatte ihr vor allen den Krug ins Gesicht geschlagen, von der Wucht war er zerbrochen und die scharfe Kante hatte ihr ins Gesicht geschnitten. Blut tropfte auf den Boden. Die drei Wespen, welche gerade aus dem Büro der Hornisse kamen, lachten höhnisch. Die Hornisse blickte verächtlich auf die kleine verhasste Biene runter und sagte: „Geh und wisch dir das Blut ab und dann gehst Du zurück an die Arbeit". Bella war schlecht geworden, ihr Kreislauf kippte und sie jammerte unter Tränen: „Bitte lass mich nach Hause fliegen, ich hole die Stunden auch Morgen nach". „Wenn Du jetzt gehst", flüsterte die Hornisse mit einem schadenfrohen Grinsen, „dann bist Du deinen Job los". Bella rannte in den Flur und dabei Milo in die Arme. Dieser schaute entsetzt auf ihr Gesicht. Bella sagte zu Milo, während ihre eine Träne über die Wange kullerte: „Jetzt reicht es. Wir müssen was unternehmen, so kann das nicht weiter gehen. Das ganze tolle Klima wird durch eine Person und seine Anhänger kaputt gemacht".

Die Hornisse hatte Pläne, wie sie ihr Imperium noch ausweiten konnte, so bat sie Bauer Bärtig zu einem Gespräch ins Haus und hielt ihm einen Kaufvertrag für seine Blumenwiese und Honigfarm vor die Nase. Bauer Bärtig brummelte in seinen Bart: „Wir hatten Abmachungen mit der alten Geschäftsleitung, ich kann das Teaming Agreement zeigen, aber von einem Kauf war nie die Rede. Da mache ich nicht mit, die Honigfarm ist schließlich mein Lebenswerk und es gibt genug Kunden im Märchenwald, die man beliefern kann". Die Hornisse lächelte böse und schickte den Bauern fort. „Es war ein Fehler", sagte sie ihm beim Rausgehen und drückte seine Hand kräftiger als man es beim Verabschieden tun würde. Sie flüsterte ihm zu: „Passen sie auf ihre Felder auf, nicht das mal ein Unglück passiert".

Eine Woche war wie im Fluge vergangen, als die Hummel ein schweres Fass in den Keller rollte. Was tat man nicht alles für ein neues Büro in der Eckwabe mit Waldblick. Die Hummel entfernte das Etikett auf dem „brennbare Flüssigkeit stand" vom Fass und klebte ein „Blütenreinigung Schild" drauf. Morgen würden die Wespen das Fass abholen, wenn keiner mehr arbeitete und dann würde Bauer Bärtig seine Strafe bekommen, weil er nicht verkaufen wollte. „Jeder weiß was er zu tun hat?", fragte die Hornisse amüsiert. „Sicher Boss", sagte eine der Wespen. „Wir holen morgen Abend bei Sonnenuntergang das Fass aus dem Keller und fliegen es zusammen rüber zu Bauer Bärtigs Honigfarm". Die Hummel warf belehrend ein: „Der Bauer ist morgen Nachmittag auf einer Honigmesse im Außenwald und kommt erst am nächsten Tag wieder zurück". "Dann kippen wir das Benzin in den Wassertank für die Felder und wenn er dann seine Felder bewässert, fackeln wir alles ab", setze die Wespe fort und alle drei Wespen lachten gehässig. Diese Art der Aufgaben gefiel ihnen, als Rausschmeißer für Arbeiterbienen hatte man nur halb so viel Spaß, da war maximal ein blaues Auge drin. Die Hornisse lächelte böse und hob das Glas mit Honigwein hoch „Auf eine erfolgreiche Mission". Am nächsten

Morgen hatte die Hummel eine unerträglich gute Laune. Im Geiste sah sie sich schon in der Eckwabe am großen Schreibtisch sitzen und in das Grün des Waldes schauen. Jetzt musste sie nur noch jemanden finden, der ihre Arbeit machte. "Bella", brüllte die Hummel in die große Kuppel im Inneren der Fabrik, „komm in mein Büro". Bella hörte die verhasste Stimme und lief schlecht gelaunt in das Büro der Hummel. Wie immer wackelte der Schreibtisch, wenn die Hummel sprach und Bella dachte sich *so muss es sein, wenn eine Heuschreckenplage übers Land zieht*. „Hier", warf die Hummel ihr Formulare zu. „Fülle bitte diese Anträge für die Bestellung von neuen Pinseln zum Entwerfen von neuen Krügen aus und schicke alles heute per Mottenpost an die Stachelschwein Fabrik. Wir nehmen dieses Mal die dünneren Haare Stärke 2, mit den dicken Borsten konnte man nicht so gut zeichnen". „Ja", seufzte Bella, nahm das Formular und schlich zurück in ihr Büro. Die faule Hummel machte sich schnell auf den Nachhauseweg und freute sich auf ein Schläfchen auf einer Sonnenblume. Milo überprüfte indessen die Rechner der Mitarbeiter und bekam eine Warnmeldung vom Rechner „H6", dass sich dort ein Virus eingeschlichen hatte. „Natürlich", dachte er genervt, „das war doch der Rechner der Hummel, sie hatte wie immer keine Updates gemacht". Schnell lief er die Treppe hoch in die „Grasetage", so nannte man die Flure die extra einen besonderen Boden mit edlem dünnen Gras hatten, natürlich war die Hummel in der Nähe aller Manager untergebracht. Milo loggte sich mit einem Generalblütenschlüssel in den Rechner ein und startete die Updates. Die Hummel hatte in der Eile vergessen die letzten Formulare zu schließen. „Was zum Stachel war das denn", dachte der aufgeregte Milo. Er schickte umgehend eine Eilpost per Express Elster an den alten Geschäftsführer, das würde ihn sicher

„brennend" interessieren. Milo klappte den Rechner zu, lief eilig den Gang herunter und sprang förmlich über die Stufen die Treppen herunter zu Bellas Büro. „Komm mit", sagte er fast atemlos der überraschten Biene, „wir müssen sofort zu Bauer Bärtig. Ich erzähle Dir alles unterwegs, wenn wir nichts unternehmen, werden heute Abend viele unschuldige Tiere sterben".

Bauer Bärtig schüttelte seinen Kopf immer und immer wieder. „Ich kann es nicht glauben, dass man mir so etwas antun will", sagte er mit seiner tiefen gutmütigen Stimme zu Milo und Bella. Er war für seine soziale Art bekannt und viele Insekten versuchten auf seinem Hof einen Job zu bekommen. „Gut, dass ihr zu mir gekommen seid. Ihr habt eine Bestellliste für Benzin gefunden und diesen widerwärtigen Plan, dass man mein Feld in Brand setzen will?", fragte er fassungslos. „Ich werde nicht wie geplant zur Messe reisen, sondern bleibe heute Abend hier und werde mein Blumenmeer verteidigen". Der alte Geschäftsführer hatte unterdessen beim Abendessen die Eilelster erhalten und umgehend die Hirschkäferpolizei informiert. Hoffentlich kamen sie noch rechtzeitig, um Schlimmeres zu verhindern. Bauer Bärtig bewaffnete sich mit einer Mistgabel und legte sich in der Nähe vom Tank hinter seinem Geräteschuppen auf die Lauer. Er hatte als Kind oft ein Theaterspektakel vom Kampf der Skorpione gesehen und wusste wie man eine Mistgabel als Dolch einsetzen konnte.

Bella begann zu frieren, die Abenddämmerung brach an und ihre Beine wurden langsam taub vom langen Warten. Milo neben ihr hatte vor lauter Aufregung alle Muskeln angespannt. Das Gras neben Bella fing plötzlich an zu wackeln, das konnte nur die Hummel sein. Über ihnen sahen sie zwei Wespen fliegen, ein großes Fass zwischen ihnen haltend, das sie neben dem Tank zum Stehen brachten. Bella drehte den Kopf zu Milo und schrie auf. Direkt hinter ihr war die dritte Wespe und packte Beide am Kragen. Sie schleppte die vor Angst schreienden Bienen zum Fass und sagte: „Seht mal, wen ich hier gefunden habe". Der gutmütige Bauer wollte den Beiden zur Hilfe eilen, verfehlte aber knapp die Wespe mit seiner Mistgabel und sah als Letztes die Faust der anderen Wespe im Gesicht, bevor alles um ihn herum schwarz wurde. Als er die Augen aufmachte und sich umschaute sah er links neben sich Bella und rechts Milo an einen Baum gefesselt. Er konnte sich selber auch keinen Millimeter bewegen. Die Hummel kippte mit einem behäbigen Grinsen das Benzin mit einer Spur zu den Dreien. Sie war so aufgeregt vor lauter Schadenfreude, dass sie über eine dicke Baumwurzel stolperte und das Glühwürmchen aus ihrer Hand fiel, mit dem sie den Weg im Dunkeln geleuchtet hatte. Dieses fiel mit einem Aufschrei auf die Benzinspur vor dem Fass und schimpfte fürchterlich, weil der Hintern vom langen Weg so heiß geworden war und flüchtete wie eine Rakete mit dem Spruch: „Du spinnst wohl", während ein Funke auf die Erde fiel. Die Explosion des Fasses wurde noch bis ins Nachbarschloss gehört und es sprühten heiße Funken umher. Die Wespen sahen sich entsetzt an, bei so einem Krach könnten sie schnell die Polizei vor Ort habe. „Ich habe keinen Bock wieder in einen Spinnenbau eingebuchtet zu werden", sagte eine Wespe und trat der anderen Wespe ins Hinterteil „flieg los, mach schnell". Die Feuerspur glühte schnell und bedrohlich auf die drei Festgebundenen zu. Milo sagte zu Bella: „Du bist immer die Liebe meines Lebens gewesen, egal was jetzt passiert, ich wollte dir demnächst einen Heiratsantrag machen". Bella spürte die große Hitze auf sich zu kommen und schloss in Panik ihre Augen. Bauer Bärtig sagte traurig: „Ich hab mir gerade erst einen neuen schnelleren Traktor gekauft, den konnte ich noch gar nicht fahren". Plötzlich kam ein Schwall Wasser über die Drei, die

Ameisenfeuerwehr war zusammen mit den Hirschkäfern angerückt. Blitzschnell banden sie alle. Bella wischte sich das Wasser aus den Augen und sah wie eine schreiende Hummel von drei Käfern abgeführt wurde und rief: „Ich hab das nicht gemacht, die Hornisse hat mich dazu gezwungen". Die Hornisse war abends nirgendwo aufzufinden, weshalb die Käferpolizei mit den Beweisen im Büro wartete. Als die Hornisse morgens mit einem Siegesgrinsen ins Büro kam, wurde sie in Handschellen abgeführt und von der weisen Gerichtseule zu 5 Jahren Arbeitsstunden in der Honigfabrik im Krügereinigen verurteilt. Zusätzlich musste sie beim Bauer Bärtig mithelfen das verbrannte Feld wieder mit Blumen zu bepflanzen. Bella fiel ein großer Honigtropfen vom Herzen, wie sehr hatte sie unter dieser Leitung gelitten. Der alte Geschäftsführer ließ alle in die Versammlungswabe kommen. „Nach diesen Vorfällen kann ich erst Mal nicht in Ruhe in meine Rente gehen. Außerdem war mir das eh zu langweilig", sagte er mit einem väterlichen Lachen. Ein donnernder Applaus drang durch die Honigfabrik, man merkte das sich die Anspannung bei allen löste.

Ein paar Wochen später küsste Milo seine Bella und wünschte sich diese Minuten würde niemals aufhören. „Hoch sollen sie leben", riefen die anderen Insekten und bildeten mit Rosenranken ein Spalier durch das Beide bis zum Hauptausgang liefen. Bella drehte sich lachend herum und rief: „Bis in 2 Wochen, fröhliches Honigsammeln". Milo lächelte sie an und sagte: „Karma hat kein Verfallsdatum. Siehst Du, das Gute gewinnt immer." Und glücklich lebten die Beiden bis zum Ende ihrer Tage. Die dicke Hummel hatte sich im Spinnengefängnis nach kurzer Zeit bei der Direktion eingeschleimt und war schon zum „Essenausteiler" aufgestiegen. Die Hornisse schuftete in der Fabrik und auf dem Feld und was machte Bauer Bärtig? Der fuhr glücklich seinen neuen schnellen Traktor über die Felder und bot dem Vorstand des „goldenen

Stachels" eine Partnerschaft mit ihm an. So gab es im Märchenwald über viele Generationen einen goldenen Honig aus einer großen Fabrik „Gebrüder Stachel & Bart Co. KG" mit vielen glücklichen Mitarbeiter-Insekten.

Ihre Verena Strass

Reneé Stulz

Bild Renée Stulz (Foto: Daniel Dornhöfer)

Renée Stulz, geboren 1990 in Hessen, ist Schauspielerin, Dramaturgin und Autorin. Sie studierte Germanistik und Anglistik in Marburg, um sich danach ihrer Leidenschaft, dem Schauspiel zu widmen und studierte eben jenes erfolgreich in Wiesbaden. Neben der Schauspielerei, widmet sie sich dem Malen und Schreiben. Ihre Kurzgeschichten befassen sich meist mit Themen, die wichtig für unsere jetzige und zukünftige Gesellschaft sind; Sie lehren den Leser ein Augenmerk auf Toleranz für sich und andere zu legen. Mittlerweile hat sie ihre Heimat in Berlin und im feministischen Theater gefunden und arbeitet, unter anderem, als Dramaturgin für Präventionstheaterstücke.

Das kalte Herz

Während man dem Geist immer mehr Nahrung gibt

und die Köpfe erhellt,

lässt man nicht selten das Herz erkalten.
(Gottfried Keller)

Wer durch Deutschland reist, der sollte nie vergessen, auch einen kurzen Abstecher nach Frankfurt am Main zu machen, nicht wegen der Banken, sondern wegen der Leute. Ganze Berufszweige haben sich hier der Vermehrung von Geld verschrieben. Sie schreien sich tagtäglich die Stimmen an der Börse, an den Telefonen mit den Anlegern und hinter ihren Computern wund. Arbeiten bis zu 16

Stunden täglich, weil sie der Kapitalismus fest im Griff hat und ihre einzige Aufgabe im Leben scheint Geld und noch mehr Geld zu sein.

Neben den Banken, der Börse, den großen Kapitalgesellschaften und anderen monetären Institutionen, gibt es natürlich auch Menschen, die weniger gut bezahlte Jobs ausüben, wie Peter zum Beispiel. Ihm gehört ein kleines Bistro, dass er von seinem verstorbenen Vater übernahm, es liegt unweit des Maines und etwas zu weit von der Zeil entfernt um gut besucht zu sein. Peter saß des Öfteren im Bistro und wartete sehnsüchtig auf Kundschaft, die sich selten dorthin verirrte.

Ab und an kam Lisa vorbei, Tochter eines erfolgreichen Bankers, mit der Peter früher in der Schule gewesen war. Er und Lisa hatten schon immer eine spezielle Verbindung, aber keiner von beiden brachte den Mut auf den ersten Schritt zu machen.

Peter liebte es sich mit Lisa zu unterhalten und so die Zeit im Bistro zu vertreiben. Oft saß er nach den Treffen dort und wünschte sich ebenso viel zu verdienen, wie die Banker, dann könnte er Lisa mit einem schicken Auto abholen und in ein teures Restaurant ausführen. Warum sollte sie ihn gut finden, wenn er nichts konnte außer, das leere Bistro seines Vaters zu hüten und sich um seine kranke Mutter zu kümmern? Das waren alles wenig attraktive Eigenschaften, dachte er bei sich.

Während er dort saß und grübelte, fiel ihm ein, dass seine Mutter ihm neulich von einem Bekannten erzählt hatte, der schon verschiedenen Leuten erfolgreich beim Anlegen und Investieren geholfen hatte, nur der Name des Mannes wollte Peter partout nicht einfallen. Auch seine Mutter konnte sich nicht mehr an den Namen erinnern und die beiden zerbrachen sich die Köpfe, aber das

Einzige was der Mutter einfiel, war der Arbeitsplatz des Mannes. An sein Büro und die Adresse, konnte sie sich erinnern.

„Gut," dachte Peter bei sich, „völlig egal ob ich einen Termin habe, oder nicht, so kann es nicht mehr weitergehen." Er zog sich seinen besten Anzug an und ging zur genannten Adresse. Das Büro fand er schneller als gedacht.

Herr Tannhäuser stand außen, neben der Tür – „Das muss er sein!", dachte sich Peter, da seine Mutter etwas von Bäumen faselte, als sie über den Namen jenes Herren nachdachte. Als Peter, nach dem Anklopfen. die Tür öffnete, saß dort ein kleiner, kurios aussehender Mann mit weißem Kinnbart und zerzausten Haaren. Er trug einen schwarzen Anzug, der mit Goldfäden durchzogen war und die ganze Einrichtung schien ein wenig merkwürdig zu sein. Wer stellte sich denn heutzutage einen ausgestopften Eisvogel ins Büro? Und gleich daneben noch ein schielendes Eichhörnchen….

Leicht irritiert über den Einrichtungsgeschmack des Mannes, blieb er in der Tür stehen, als Herr Tannhäuser plötzlich, wie aus dem Nichts, überschwänglich auf ihn zu kam, ihn herzlich begrüßte und ihm einen Platz anbot.

„Nun mein Junge, was kann ich für dich tun?" fragte er freundlich.

„Nun, man sagte mir, dass ihr Leuten helft, die es mit dem Geld etwas schwer haben…meine Mutter kannte euch."

„Da hast du recht, dies ist mir schon des Öfteren gelungen. Sag mir, für was benötigst du denn das Geld?"

„Weißt du", entgegnete Peter, „ meine Mutter und ich haben es nicht leicht, sie ist krank, mein Vater ist gestorben und ich führe sein Bistro, aber wir haben keine Gäste und es läuft wesentlich weniger als gut. Ich hätte gerne ein großes Restaurant, in dem die Creme de la Creme von Frankfurt speist, was von den Bankern und Gourmets in den Himmel gelobt wird. „fing er an zu schwärmen."...und dann würde die Lisa bestimmt auch bei mir bleiben. Oh ja, dann würde sie sich freuen und ich könnte sie schick ausführen..." Peter schaute verträumt aus dem Fenster und stellte sich seine rosige Zukunft vor.

Der Tannhäuser meinte: „Peter, sei dir bewusst...das ist alles nicht so einfach, wie du dir das vorstellst...du musst mit dem Geld gut umgehen können. Außerdem ist es etwas ganz Anderes ein Bistro zu haben oder ein großes Restaurant zu führen. Ich hoffe, das ist dir klar."

„Jaja, entgegnete Peter ungeduldig. „Das weiß ich schon. Nun hilf mir doch endlich. Sag wie funktioniert es!?" „Schon gut Peter...lass mich nur machen. Gib mir ein paar Tage, ich führe ein paar Telefonate, spreche mit einigen Leuten und dann sollte ich dir Anfang nächster Woche eine gute Summe erwirtschaftet haben. Schreib mir nur deine Kontodaten auf."

Peter tat wie ihm geheißen und während er schrieb, schaute er kurz von seinem Blatt auf, hörte ein goldenes Schwirren und Herr Tannhäuser war plötzlich verschwunden. Peter schüttelte den Kopf, wunderte sich kurz und ging nach Hause.

Er wusste, das Lisa am Abend auf einer Rooftoop Party in Frankfurt war und da er bei sich dachte, dass er nächste Woche ohnehin genügend Geld in der Tasche haben werde, kratze er alles was er hatte zusammen und ging mit dem Vorsatz dorthin, sie zu beeindrucken.

Das sollte ihm auch gelingen, zwar war sie dort mit einem anderen Mann zugegen, allerdings schien sie das wenig zu stören. Mit dem sorgenfreien Peter konnte man viel mehr Spaß haben, tanzen und lachen, als mit ihrer bisherigen Begleitung. Außerdem hatte sie schon die ganze Zeit etwas für ihn übrig gehabt. Am Ende des Abends, Peter brachte sie bis zur Haustür, gab sie ihm sogar einen Kuss und Peter konnte sein Glück kaum fassen.

Ebenso wenig, als er die Woche darauf auf seinen Kontostand schaute und er eine Unsumme Geld darbot. Peter machte sich sogleich auf, alle Restaurantinserate in der Frankfurter Innenstadt zu durchforsten, schnell wurde er fündig und fand eine große Location mit noblem Interieur zum Verkauf, unweit des Goethe Platzes. Da die Location bei der Frankfurter Schickeria ohnehin etabliert war, dachte Peter sich, es sei ein Leichtes damit großes Geld zu machen.

Ganz Unrecht hatte er damit nicht, allerdings erfordert ein Besitzerwechsel erstens Know-how im Metier und zweitens Feingefühl für seine Kundschaft und das Geschäft. Am Anfang lief alles sehr gut.

Peter veränderte die Inneneinrichtung, dabei hatte er Hilfe von Lisa, die dafür schon immer ein Händchen hatte. Wesentlich lieber, als bei der Bank zu arbeiten, wie es ihr Vater wollte, wäre sie Innenarchitektin geworden. Aber ihrem reichen Vater zuliebe, der ihr sonst den Geldhahn abgedreht hätte, quälte sie sich durch ihr duales Finance & Banking Studium. Dank Peter konnte sie nun zumindest ein wenig das tun, was ihr Spaß machte. Auch half sie ihm ihn bei den Gerichten zu beraten, die das Restaurant anbot, da sie – im Gegensatz zu Peter – wusste, auf was es in 5-Sterne-Restaurants ankam und was die Menschen dort gerne aßen.

Das Restaurant war anfangs gut besucht, die Leute waren neugierig, was es zu bieten hatte. Peter aber, ließ sich das schnell zu Kopfe steigen: Er fing jeden Abend an zu trinken, die Einnahmen des Tages brachte er nicht zur Bank, sondern verspiele sie lieber nach Feierabend mit seinem neuen Saufkumpanen Klaus Ezechiel. Allerdings blieb es nicht lange nur beim Saufen und Spielen. Frankfurts Banker sind nicht immer von selbst so motiviert, sondern lassen sich gerne von gewissen, weißen Pülverchen unter die Arme greifen.

So passierte es, dass Peter abends nicht mehr zu Lisa ging, sondern nur abwinkte und murmelte: „Geh du schon, ich komme dann später." Meist kam er aber nicht nach, sondern schlief auf einem der Tische ein, nachdem alle gegangen waren und blieb morgens direkt im Restaurant.

Peter fing an das Trinkgeld der Angestellten zu unterschlagen um es am Abend zu verspielen und für Koks auszugeben. Bald hatte er so große Schulden bei Ezechiel und wusste auch ganz genau, dass er seine Mitarbeiter im nächsten Monat nicht mehr bezahlten konnte, dass er anfing über eine Lösung seines Problems nachzudenken.

Sollte er es wagen noch einmal zum Tannhäuser zu gehen? In seiner Verzweiflung, rief er ihn eines versoffenen Nachts an. Doch der legte nur empört mit den Worten auf: „Peter, Peter…habe ich es dir nicht gesagt?"

Doch auf einmal kam ihm eine Idee: Wer war der große, gruselige Typ mit dem einen Auge, der immer im Maserati vorfuhr? Der musste doch viel Geld haben! Keiner wusste wirklich, womit er sein Geld verdiente, aber dass er davon einiges hatte, das wusste jeder.

Peter machte sich auf das herauszufinden und einen Kontakt herzustellen. Er nahm ihn eines Abends zur Seite und erzählte ihm von seinem Dilemma. Der Holländer Michel, wie der große Kerl sich zu nennen pflegte, legte großspurig seinen Arm um Peter und sagte:

„ Mein Jung, ich kann dir helfen mehr Geld zu verdienen, als Alle die bei dir speisen kommen. Allerdings musst du dafür einige Zeit fortgehen, Alles hinter dir lassen und ganz ungefährlich ist es auch nicht...!"

Peter war in dieser Sekunde alles egal - in seinem zugekoksten Kopf hatte er Lisa vergessen, seine Mutter vergessen und die Misere mit seinem Restaurant hätte er am liebsten auch sofort vergessen. Peter willigte ein, ohne überhaupt zu wissen um was genau es ging.

So schickte ihn der Holländer Michel nach Holland und Hamburg, um dort, nicht gerade unerhebliche Mengen von Kokain, Heroin und anderen illegalen Waren abzufangen und über die Grenzen zu schmuggeln. Peter verdiente sich eine goldene Nase und dabei dumm und dämlich, während dessen rutschte er aber immer mehr in das Milieu ab. Er wurde kaltherzig, kokste jeden Tag, behandelte Menschen, die ihm seiner Ansicht nach nicht ebenbürtig waren wie Dreck, da sie nicht so reich waren wir er. Ihm nach, hatte er, was er sich immer gewünscht hatte: Geld, ein tolles Auto, eine tolle Wohnung, Designer Kleidung und reiche Freunde. Aber hatte er dabei nicht etwas vergessen?

Eines Abends im XYZ in Hamburg schlug ihm eine Hand auf den Rücken: „PETER!!! Was machst denn du hier? Dich hat man ja Ewigkeiten nicht gesehen!"

Peter drehte sich langsam um, erkannte seinen alten Bekannten Ezechiel, zog eine Augenbraue hoch, setzte ein süffisantes Lächeln auf und sagte: „Weißt du, ich mache hier mittlerweile das große Geld.

In Frankfurt war mir das damals ja nicht möglich, du weißt ja was passiert ist." Ezechiel war überrascht, wie sehr Peter sich verändert hatte, er war überheblich und arrogant geworden. Im Gehen meinte er zu ihm: „Ach übrigens, du, die Lisa zieht bald mit dem Alexander zusammen, der eine Kerl von damals, weißt du noch?"

Plötzlich regte sich etwas in Peter. Lisa, richtig, wegen ihr hatte er eigentlich mit all dem angefangen. Das war seine Lisa und nicht die eines dahergelaufenen Alexanders. Peter lief Ezechiel hinter her, packte ihn an der Schulter und überlegte: „Weißt du, Ezechiel, vielleicht ist meine Arbeit hier auch getan. Ich komme mit dir nach Frankfurt zurück. Was meinst du, alter Freund?" Gesagt, getan, er brach seine Zelte ab und ging ein paar Tage später mit ihm zurück. Geschäftlich war das kein Problem, er hatte genügen Geld verdient und der nächste Anwärter auf seinen Job stand schon in den Startlöchern.

Als Peter zurück war, kaufte er sich eine neue Wohnung im Frankfurter Westend und ließ die alten Bekannten wissen, dass er wieder in der Stadt war. Bei seiner Mutter hingegen meldete er sich nicht. Als sie ihn anrief, wimmelte er sie nur ab. Er wollte nicht mit einer alten, kranken Hartz4-Empfängerin in Verbindung gebracht werden, solche Menschen kotzten ihn an.

Er wusste zwar, dass Lisa mittlerweile vergeben war, aber Peter war das mehr als gleichgültig. Er wusste schon, wie er sie wiederbekommen konnte. Mehrere Abende in der Woche wartete er vor der Uni um Lisa abzufangen und sie abzuholen. Dann lud er sie zum Essen in die feinsten Restaurants ein, schmeichelte ihr und machte ihr den Hof. Lisa hatte nie aufgehört Peter zu lieben, nur war er damals plötzlich ohne jede Erklärung verschwunden und sie wusste nicht, ob er je zurückkehren würde.

Es dauerte nicht lange und die beiden waren wieder ein Paar, sie zog zu ihm und anfänglich lief alles ganz gut. Nur bemerkte Lisa, dass Peter sich verändert hatte, sie wusste, dass er trotz seines Geldes niemals seiner Mutter aushalf, der es finanziell und gesundheitlich nicht gut ging. Also tat Lisa das des Öfteren, ohne ihm davon zu erzählen- wenn die Mutter fragte, was denn mit dem Peter sei, konnte Lisa ihr das auch nicht richtig erklären, er war einfach ein anderer geworden.

Peter hatte in Holland und Hamburg so viel verdient, dass er sehr gut von seinem Ersparten leben konnte, um dieses zu vermehren verlieh er ab und an etwas davon an abgehalfterte Gestalten, die sich nicht bei der Bank leihen konnten. Allerdings waren die Zinsen, die er verlangte horrend. Aber so ließ es sich für ihn zumindest gut leben. Jeder wusste, dass mit ihm nicht mehr gut Kirschen essen war und so bekam er das Geliehen auch immer zurück.

Lisa war relativ glücklich mit Peter, allerdings schwebte sie auch auf rosa Wolken und blendete aus, das er ein, gegenüber einigen Leuten, unausstehlicher Mensch geworden war. Sein Geburtstag stand bald vor der Tür und Lisa freute sich sehr darauf. Sie wollte ihm eine große Überraschungsparty bereiten, da er so lange aus Frankfurt fort gewesen war und es bestimmt schön wäre, die alten Bekannten um sich herum zu haben.

Sie organisierte Alles, schmückte die Wohnung, sendete Nachrichten aus, wann die Gäste da zu sein hatten, da sie Peter mit einem Vorwand für ein paar Stunden aus dem Haus locken konnte.

Sie war grade dabei ihre Haare zu richten, als er nach Hause kam, leider früher als erwartet. Sie umarmte ihn überschwänglich und küsste ihn: „Alles Gute zum Geburtstag mein Schatz!"

Peter allerdings stand nur da wie ein Eisblock und schaute sie böse an: „Ist das dein Ernst? Was hat das hier alles gekostet? Was soll das?"

„Aber Peter, es ist doch dein Geburtstag! Ich habe dir eine Feier organisiert! Die Gäste sind auch gleich da.." sagte sie und versuchte ihre Enttäuschung wegzulächeln.

„Nein Lisa, ich will das nicht. Ich habe keine Lust auf diese ganzen Schmarotzer in meinem Haus! Weißt du eigentlich wie viel Bargeld ich hier herumliegen habe?! Die können sich woanders besaufen und die Birne wegknallen, aber nicht in meinen vier Wänden!"

Als es an der Tür klingelte, ging Peter nicht hin um sie zu öffnen, sondern nahm den Schlüssel, schloss ab und verriegelte sie und verzog sich in sein Arbeitszimmer. Lisa rief schwach durch die Tür: „Es tut mir leid, bitte geht wieder, dem Peter geht es nicht gut."

Die mehr als fünfzig Gäste die vor der Tür standen waren alles andere als begeistert, zudem waren sie sich Peters veränderter Person bewusst und konnten sich schon denken, woran das lag. Viele waren nur Lisa zur Liebe gekommen. Einige wurden unflätig, hämmerten gegen die Tür und beschimpften Peter, der von all dem nichts mitbekam und auch nicht bekommen wollte. Irgendwann legte sich der Tumult vor der Tür und Lisa saß im Wohnzimmer, starrte die Wand an und dachte darüber nach, was sie hier eigentlich tat.

Peter zog sich immer mehr und mehr zurück, saß in seinem Arbeitszimmer, zählte sein Geld, verfolgte die Börse, die ganze Nacht über, zog Koks und ignorierte Lisa meistens, die immer einsamer wurde. Niemand durfte sie zu Hause besuchen kommen, er wurde immer paranoider und wenn Lisa länger wegblieb, als angekündigt, konnte er sehr ungemütlich werden. Einzig ihre tiefe

Liebe zu ihm war die Erklärung, warum sie noch bei Peter blieb, trotz dass er sich unmöglich verhielt.

Solche Ereignisse, wie das an seinem Geburtstag häuften sich immer weiter, bis es eines Tages zum Super-GAU kam: Lisa hatte einen Freund zu Besuch, dem es finanziell nicht besonders gut ging, was eigentlich nichts zu Sache tat, denn nur Peter waren solche Dinge wichtig. Lisa und ihr Freund Tim waren grade dabei einen Erdbeerkuchen zu backen und eine Flasche Champagner zu köpfen, die Peter immer auf Vorrat kalt stellte. Als dieser überraschend nach Hause kam, wurde Lisa sofort klar, dass dies kein gutes Ende nehmen würde.

Peter rauschte in die Küche, aus der er das Gelächter vernommen hatte und brüllte, jähzornig, wie er geworden war: „Was ist denn hier los? Willst du mich eigentlich verarschen? Gibst diesem schwulen Nichtsnutz von Freund von unserem Champagner ab? Habe ich dir nicht tausendmal gesagt, dass solche Leute hier nicht zu suchen haben?"

Mit diesen Worten schlug er ihr die Flasche so heftig aus der Hand, dass sie strauchelte, ihren Kopf an der Kante der Küheninsel aufschlug und hinfiel und erst einmal liegen blieb.

Tim beugte sich sofort über Lisa um ihr zu helfen und schrie Peter an: „Merkst du eigentlich noch irgendwas, Mann??? Du bist doch völlig durchgedreht und neben dir! Hör auf mit den scheiß Drogen! Mach mal einen Entzug, Alter! Ich glaube du spinnst. Lisa liebt dich abgöttisch, sie hat dir nie irgendwas getan und du bist so dermaßen ekelhaft zu ihr!"

Peter stand wie angewurzelt da und starrte Lisa an, dann schüttelte er kurz den Kopf und brüllte: „Verschwinde sofort aus meinem Haus du dreckiger Nichtsnutz, von dir lasse ich mir gar nichts sagen!"

Tim tat wie ihm geheißen. Er half der benommenen Lisa auf, stütze sie und verließ mit ihr die Wohnung. Peter verschloss sofort die Tür hinter den beiden und setzte sich aufs Sofa.

Er hasste es sich von anderen Menschen etwas sagen zu lassen, aber vielleicht war etwas daran was Tim sagte.

Er dachte darüber nach, was in den vergangen Jahren und Monaten alles passiert war. Eigentlich wollte er doch nur sorgenfrei Leben und Lisa auch mal fein ausführen. Wie konnte das Ganze so sehr eskalieren? Wo war er falsch abgebogen? Warum hatte er sich so sehr auf das Geld versteift? War er überhaupt einmal glücklich gewesen im vergangen Jahr? Peter konnte sich diese Frage beantworten: Nein war er nicht. Er liebte Lisa und wollte es mit ihr auf keinen Fall in den Sand setzen, sie so zu behandeln, dass hätte er sich noch vor gar nicht allzu langer Zeit zugetraut. Er war ein geldgeiles Ekel geworden, nur wurde ihm das jetzt erst bewusst.

Er wollte etwas unternehmen und das erste was er tat, er nahm all das Koks, was er noch zu Hause hatte, spülte es die Toilette runter, schrieb seinem Dealer ihn bitte nicht mehr zu kontaktieren und löschte seine Nummer. Er packte eine Sporttasche mit Wäsche für ein paar Tage und lieferte sich bei der Villa unter den Linden für einen Entzug selbst ein. Dort fand er genügend Abstand um über die Dinge nachzudenken. Er verfasste zwei lange Briefe, in denen er sich von tiefstem Herzen bei seiner Mutter und bei Lisa entschuldigte.

Er hoffte, trotz dass er sich teilweise unverzeihlich verhalten hatte, darauf, dass sie ihm in irgendeiner Form vergeben konnten. Eine

Antwort auf den Brief erhielt er nicht, was ihn bangen lies. Aber seine Mutter und Lisa wussten, dass er eigentlich ein guter Mensch war, der vor lauter Verzweiflung den falschen Weg gewählt und fast daran kaputt gegangen wäre. So holten sie ihn am Tag seiner Entlassung ab und Peter konnte sein Glück kaum fassen, die beiden in die Arme nehmen und sich in Persona entschuldigen zu können.

Die beiden versuchten Peter wieder auf die Beine zu helfen. Sie verkauften das Bistro des Vaters und eröffneten ein kleines, aber feines, gut besuchtes Restaurant in der Frankfurter Innenstadt und Peter schaffte es endlich mit dem zufrieden zu sein was er hatte. Denn sein Traum hatte sich, zwar über Umwege, nun erfüllt. Er konnte sehr gut von seinem Verdienst leben, Lisa war an seiner Seite und seine kranke Mutter konnte er auch unterstützen.

Ihre Reneè Stulz

Birgit Werner

Bild Birgit Werner (Fotograf: Dieter Sopolla)

Birgit Werner wurde am 19.06.1989 in Böblingen geboren. Im Jahr 2014 schloss sie ihre Schauspielausbildung mit Nebenfach Szenisches Schreiben an der Akademie für darstellende Kunst Ulm ab. Dort spielte sie in verschiedenen Produktionen des Akademietheaters. Ihr erstes Engagement führte sie in die bayerische Metropolregion München, in der sie immer noch lebt. Momentan arbeitet sie dort freiberuflich als Schauspielerin, Regieassistentin, Multiplikatorin und Radiomoderatorin.

Milo und der Skaldenmet

„Auf dem Flohmarkt um zwölf Uhr soll er alles verkaufen, was er in seinem Rucksack mit sich trägt. Milo weiß nicht was es ist, er weiß nur, dass es wichtig ist. Es ist sein erster Auftrag als Verkäufer. Seine erste Busfahrt - ganz allein - in einer Welt voller Smombies. Zum ersten Mal trifft er eine eigene Entscheidung, die alles verändert. Milo formt nicht nur seine Zukunft neu, sondern auch die seiner Mutter, die anfangs alles andere als begeistert ist, als Milo - ohne Geld - zurückkehrt. Doch wäre er keinen Tauschhandel mit dem alten, einäugigen Mann im Bus eingegangen, wäre seine Geschichte wohl eine andere gewesen. Begebt euch - mit Milo - auf eine Reise, die zeigt wie wertvoll und aufregend es sein kann, wenn man alle Erwartungen vergisst und auf sich selbst vertraut.

Einst stand hier ein schmuckloser Tempel mit spitzen pyramidenförmigen Türmen. Neben dem Tempel wuchs ein gewaltiger immergrüner Baum. Seine Äste umschlangen die Türme bis zum höchsten Punkt, die Wurzeln hingegen ragten bis in die Unterwelt zu den Dunkelalben, die den Baum mit Wasser aus der Quelle der Unsterblichkeit tränkten. Es schien wie als würde der Tempel den Baum stützen und der Baum den Tempel. Zu dieser Zeit spannten Flügelgeschöpfe ein magisches Netz über den Erdendball und trieben mit zauberhaften Neckereien jeden überzeugten Realisten in den Wahnsinn. Das alles geschah lange Zeit vor der anthropozähnen Epoche der Menschheit. Doch dennoch schien es mir, als atme hier, an diesem Ort, die Seele der Vergangenheit. Inmitten der Stadt. Zwischen Wolkenkratzern, Smog, Fastfoodketten und Menschenmengen, die in alle erdenklichen Richtungen strömten. Einst wurde jedes Lebewesen der Erde von einem anderen begleitet. Wer weiß, ob das selbst heute nicht auch noch der Fall ist. Unter dem rauen Betonboden der staubigen Metropole regte sich etwas. Etwas Unbegreifliches, aber dennoch Gewaltiges. Gewaltiger als die gesamte Zerstörungswut der Menschheit und zärtlicher als die ersten Blütenknospen im Frühling. Die Erde bebte. Vielleicht wollte die Erde in eine andere Umlaufbahn wechseln, um einen Neubeginn zu wagen, der für die Menschheit allerdings verheerend enden könnte. Wer sich jetzt umgedreht hätte, dem wäre bestimmt die seltsame stumme Frau aufgefallen, die eilig durch die schäbigen Gassen rannte. Ob sie auf der Flucht war, konnte ich aus der Entfernung nicht erkennen. Im gelegentlichen aufflackernden Licht vorbeifahrender Straßenbahnen bückte sie sich, um irgendetwas aufzusammeln. Wer der schwarz gekleideten Frau jetzt gefolgt wäre, dem wäre sicherlich das heruntergekommene sandsteinfarbene Haus aufgefallen, in dem ihr Sohn Milo auf sie wartete. Dort verschwand sie nun und genau dort geschah etwas, mit dem wohl niemand in dieser Stadt gerechnet hätte. Milos Mutter wirkte angespannt. „Versprich mir eines, Milo! Geh auf den Flohmarkt, morgen um zwölf. Hier, Geld für die Busfahrkarte. Verkaufe alles, was ich dir in deinen Rucksack packe und komme heim bevor es dunkel wird. Versprich es!", wisperte Milos Mutter eindringlich. Milo fragte nicht nach, was sie wohl Wertvolles in den Rucksack gesteckt hatte, obwohl es ihn wirklich brennend interessiert hätte. Irgendwie war es wichtig. Das reichte ihm fürs Erste. Insgeheim freute er sich schon auf seinen ersten Auftrag als Verkäufer. Einen Tag später stieg er in den Bus. Jeder Sitz war belegt, außer einem. Geschwind nahm er Platz. Ganz allein durfte er noch nie eine so lange Strecke fahren. Alles lief hervorragend, bis der Bus an der nächsten Haltestelle stoppte, um einen alten bärtigen einäugigen Mann mit Wanderstock einsteigen zu lassen. Eigentlich war Milos Rucksack unangenehm schwer und er war froh, noch einen Sitzplatz ergattert zu haben. Doch wahrscheinlich, dachte sich Milo während er sich erhob, wog das Wissen der vielen Lebensjahre, die der alte Mann tagein tagaus tragen musste mehr und er bot ihm seinen Platz an. Der einäugige alte Mann bedankte sich. Mit knarzender Stimme krächzte er: „Danke, Junge! Mein Pferd ist krank, meine Raben sind müde, meine Wölfe sind abgekämpft. Nicht nur du fährst selten mit dem Bus. Gib mir deinen Rucksack und du erhältst den Skaldenmet, einen magischen Honigwein. Träufle ihn über fruchtbaren Boden, dann warte einige Stunden, bis sich die Erde dreht. Gib mir dafür deinen Rucksack. Dieser Handel wird deine Zukunft formen." Für einen kurzen Moment war Milo ein wenig verängstigt, zugleich jedoch zutiefst beeindruckt. Wenn er den Handel eingehen würde, wäre seine Mutter bestimmt stinksauer, doch wenn er ihn nicht eingehen würde, dann hätte er sich selbst verraten, denn sein Herz und Verstand waren sich noch nie so einig. Er reichte dem einäugigen Mann den Rucksack und erhielt im Gegenzug den magischen Honigwein. Als er wieder bei sich zuhause angekommen war, berichtete er seiner Mutter von seiner Begegnung mit dem einäugigen Mann. Doch wie er es schon geahnt hatte, war seine Mutter mehr als enttäuscht. „Ab ins Bett! Sofort!", schrie sie mit zitternder Stimme. Milo schaffte es nicht sie zu beruhigen. Als er ihr euphorisch von dem magischen Ritual erzählte, nahm sie den Wein, öffnete das Fenster zum Garten und warf den Honigwein aus dem Fenster. Milo hörte wie die Metweinflasche zerbrach. Niedergeschlagen zog er sich in sein Zimmer zurück. Diese Nacht machte er kein Auge zu. Er hörte seine Mutter weinen. Normalerweise weinte seine Mutter nicht, außer es war etwas wirklich Schlimmes geschehen. Nun bereute er den Tausch. Trotz schlafloser Nacht brach schon bald ohne Gnade der nächste Tag an. Milo zog seine Jalousien hoch und traute seinen Augen nicht: in ihrem Garten stand ein gigantischer Tempel, der von einem riesigen Baum gestützt wurde. Hastig zog er sich an, um seiner Mutter das Gebäude zu zeigen, doch sie war schon lange aus dem Haus. Überglücklich, dass der Honigwein nun doch seine magische Kraft entfaltet hatte, stürmte er hinaus in den Garten, um den Eingang des Tempels zu finden. Nach unzähligen missglückten Kletterversuchen, das Eingangstor hoch oben in der Baumkrone zu erreichen, hüpfte ihm ein Eichhörnchen entgegen. „Ruf die Raben, Menschenkind.", fiepte es und hüpfte augenblicklich wieder davon. Milo musste an den einäugigen Mann aus dem Bus denken, der zwei Raben besaß. Sogleich rief er aus voller Kehle, bis zwei Raben herbeiflogen, die wie schwarze Segelschiffe über den Himmel glitten. Sie krallten sich an seinem Hemd fest und setzten ihn direkt vor dem Tor ab. Er klopfte an, doch niemand öffnete ihm. Milo war nicht der stärkste Junge, aber er hatte einen eisernen Willen, der ihm zwar des Öfteren eine Prügelei auf dem Pausenhof eingebracht hatte, aber für dieses Vorhaben genau richtig war. Mehrmals stemmte er sich mit aller Kraft gegen das Tor, bis es nachgab und Milo äußerst unelegant in die Eingangshalle purzelte. Aus der hintersten Ecke der Halle ertönte ein schallendes Lachen. Das

Lachen einer Menschenfresserin. „Warte, kleiner Junge, bis mein Mandala vollendet ist. Noch drei Kreise in mhmm... orange, lila, weiß.", dröhnte es aus der dunklen Ecke. Milo hockte sich erschöpft auf den kalten Marmorboden. „So, so, so. Das Plappermaul, Fräulein Nusskuss hat dir wohl geholfen. Jahrhunderte sind seit dem letzten Menschenbesuch vergangen. Ich liebe Besuch, Besuch und Menschenfleisch. Aber keine Sorge, kleiner Milo, seit einigen Wochen versuche ich mich völlig vegan zu ernähren. Mein Hintern passt sonst nicht mehr in mein rotes Cocktailkleid." krächzte die Menschenfresserin. Normalerweise wäre Milo aus dem Tempel gerannt, doch dieses Mal siegte bei ihm die Neugier. Aus dem Schatten ertönten dumpfe Schritte. Die Menschenfresserin trat aus der Dunkelheit. Überrascht musterte er ihr helles, freundliches, sehr hübsches Gesicht, das mit Sicherheit eher auf den Rumpf einer mädchenhaften Prinzessin gepasst hätte. „Du dachtest wohl, Menschenfresserinnen würden keinen Wert auf ihr Erscheinungsbild legen. Törichte Menschenlogik. So einen putzigen Jungen wie dich hätte ich gerne als Sohn gehabt, aber aus Sicherheitsgründen musste ich kinderlos bleiben. Aber mal ganz ehrlich, du bist viel zu dürr! Koste doch, natürlich komplett kostenlos, von meinem Vanillepudding mit heißen Himbeeren, er dampft noch. Nimm einfach in der Küche Platz und iss dich satt, wenn aber mein Mann zurückkommt, versteck dich, er würde niemals bloß wegen eines niedlichen Menschenjungen seine Ernährung umstellen. Wie oft schon musste ich, sogar sehr gutaussehende Männer mit Waschbrettbauch, auf der Stelle ungekocht mit Haut und Haaren in der Pfanne zubereiten.", sprach die Menschenfresserin warnend. Vor so einer sympathischen Dame müsse man sich wohl wahrlich nicht fürchten, dachte sich Milo und nahm die Einladung an. Der Vanillepudding schmeckte vorzüglich.

Als Milo sich ein zweites Schüsselchen gönnen wollte, sprang das Tempeltor auf. Der Menschenfresser war zurück. „Weib!! Stell das Bier kalt. Es gibt was zu feiern. Der Goldschatz lag doch unter dem anderen Ende des Regenbogens! Fräulein Nusskuss, das chaotische Plappermaul, hat wieder nur Blödsinn gefiept! Traue niemals dem Navi eines Eichhörnchens.", raunte der Menschenfresser seiner Frau entgegen. Blitzschnell versteckte die Menschenfresserin Milo im Backofen. „Was ist das für ein betörender Duft! Weib, wenn sich hier ein Mensch verbirgt, bring ihn mir! Der Fitnesstrainerbraten mit Röstzwiebeln war damals besonders köstlich. Bereite mir das Frischfleisch zu, mir brummt schon der Magen. Dideldidum! Ich rieche Menschenfleisch!", grölte der Menschenfresser. Prahlerisch warf er den Goldschatz auf den Küchentisch, schlüpfte aus seinen Stiefeln und trank die erste kühle Maß in einem Zug leer. „Schnuckelputz, leider hat sich kein Mensch hierher verirrt, aber schau mal in die Mikrowelle, dort steht eine extra große Portion Saumagen für dich bereit!", wisperte die Menschenfresserin liebevoll. Nachdem das Menschenfresserpaar zu Abend gegessen hatte und sich erschöpft schlafen legte, schlüpfte Milo flink aus dem Ofen, steckte sich seine Jackentaschen bis zum Anschlag mit Goldmünzen voll und rief draußen angekommen die beiden Raben, die ihn behutsam vor seiner Haustür absetzten. Ruckartig riss seine Mutter die Tür auf. Sie hatte sich schon solche Sorgen gemacht. Als Milo seine Jackentasche voller Goldmünzen ausleerte, konnte sie es kaum fassen. Es war so unglaublich viel Gold, dass sie davon erst mal ihr renovierungsbedürftiges Haus sanierten, ein schickes Auto kauften, für Milo eine Mathenachhilfe anstellten und einen mit Diamanten besetzten Schraubenzieher erwarben, um ihre kaputte Waschmaschine zu reparieren. Es vergingen zwei glückliche Jahre. Im dritten Jahr jedoch begann das Geld langsam wieder knapp zu werden. Milo beschloss, erneut in den Tempel einzudringen. Er rief nach den Raben, die ihn wieder vor dem Eingangstor absetzten.

Diesmal stand die Tür offen. Er zögerte nicht lange, schlich in die Küche und kletterte flink in den Ofen. Einige Minuten später betrat der Menschenfresser den Raum. „Dideldidum! Ich rieche Menschenfleisch! Weib!! Bereite mir den Jüngling zu, solange er noch frisch ist!", befahl der Menschenfresser seiner Frau. Da die Menschenfresserin niemand bemerkt hatte, briet sie ihrem hungrigen Mann ein Schnitzel mit Kartoffelecken an. Das Menschenfresserpaar aß schweigend zu Abend, wie das viele Ehepaare so tun. Er aß das Schnitzel, sie die Kartoffelecken. Nach dem Mahl wurden beide schläfrig. „Glucksi. Du bleibst. Bewach den Tempel.", flüsterte die Menschenfresserin zu einem Huhn, das vor Schreck ein goldenes Ei legte. Milo staunte. Das Menschenfresserpaar zog sich in sein Schlafgemach zurück. Rasch kroch Milo aus dem Ofen, schnappte sich das Huhn und sauste aus dem Tempel. Lauthals versuchte das Huhn auf sich aufmerksam zu machen. „Eindringling! Gack. Gack. Diebischer Eindringling!", gackerte es schrill. Das Menschenfresserpaar erwachte. Polternd versuchten sie Milo einzuholen, doch er war ihnen einiges voraus, rief die Raben und war weg. Fräulein Nusskuss knabberte gerade an einer Walnuss, als ihr Milo mit dem gestohlenen Huhn auffiel. Abermals hatte sie ein riesiges Chaos angerichtet, einfach nur, indem sie, dem ach so unschuldigen, schmächtigen Jungen helfen wollte. Milo präsentierte seiner Mutter das Huhn, die von dem erneuten Mitbringsel nicht so beeindruckt wirkte. Doch nachdem Milo dem gewöhnlichen Federtier einen gehörigen Schrecken eingejagt hatte, legte es gleich, wild gackernd, zehn goldene Eier. Nun war selbst seine Mutter begeistert. Sie baute dem Huhn einen komfortablen Hühnerstall, in dem es ausgiebig gackern durfte. Seit diesem Tag lebten Milo und seine Mutter in Saus und Braus. Milos Schulnoten verbesserten sich so sehr, natürlich dank der besten

Nachhilfelehrer der Stadt, dass er ein ordentliches Studium anstrebte und nebenbei ein Unternehmen gründete. Ihr Haus stand allen Menschen offen, die in Not waren und Milo half ihnen dabei, ihren persönlichen Weg zuversichtlich zu bestreiten. Doch dann kam der Tag, an dem seine Mutter schwer erkrankte. Milo bat die besten Mediziner aus aller Welt, seine Mutter zu heilen, aber vergebens. Niemand konnte ihr helfen. Ihr sonst so heiteres Wesen verfinsterte sich. Kein Clown, kein Gaukler, keine Medizin brachte ihr die verflogene Lebensfreude zurück. Nun gab es nur noch einen Ausweg, er musste Fräulein Nusskuss um Rat bitten. Betrübt ließ er sich am Fuß des Baumes nieder. Die Abendsonne schwand. Gerade wollte er sich erheben, als ihm Fräulein Nusskuss mit voller Wucht eine Kastanie auf den Kopf pfefferte. „Aha. Der gierige Dieb! Was willst du denn noch?! Sobald ihr Menschen genügend Gold habt, fehlt euch doch rein gar nichts mehr, hab ich nicht Recht?! Dein Wunsch war es, reich zu werden, also verzieh dich. Wir magischen Geschöpfe sollten uns von euch fernhalten. Jawohl!", quiekte Fräulein Nusskuss empört. „Dafür, dass du dich fernhalten wolltest, bist du schon ziemlich lang am Motzen. Mir geht es doch gar nicht mehr ums Gold. Meine Mutter ist schwer krank, sie bläst unaufhörlich Trübsal. Gibt es nicht irgendeinen Zaubertrank, der sie heilen kann?", fragte Milo das nervös hüpfende Eichhörnchen aus, welches sich vor lauter Aufregung versehentlich im eigenen buschigen Schwanz verhedderte. „Selber Schuld. Das hätte ich dir gleich sagen können. Dafür gibt es keinen Trank, bloß eine Zauberharfe, die jeden Mensch und jedes magische Wesen heiter stimmt. Die wirst du keinesfalls bekommen, das garantiere ich dir. Der Menschenfresser lässt sie nicht aus den Augen. Er nimmt sie sogar mit ins Bett.", fiepte Fräulein Nusskuss entrüstet. Milo ließ sich das nicht zweimal sagen, rief nach den Raben, kroch erneut in den Ofen, verblieb dort geduldig bis es Mitternacht schlug und stibitze die Harfe aus dem Klammergriff des schnarchenden

Menschenfressers. Der wachte jedoch auf und wetzte mit seinen kräftigen Beinen dem kleinen Milo hinterher. Milo rief die zwei Raben herbei. Der Menschenfresser besaß allerdings auch ein Gefährt. Er verfolgte Milo mit seinem schimmernden, kobaltgrünen blaustichigen Drachen, der zwar beeindruckend aussah, jedoch stockbesoffen durch die Lüfte eierte, da er einige Drachenliköre zu viel intus hatte. Die Raben drehten so lange einige Runden über den Dächern der Stadt, bis der besoffene Drache wohl oder übel einen Drehwurm bekam, mit einem Lastwagen kollidierte und anschließend in den reißenden Fluss unter der Autobahn stürzte. Der benebelte Drache, samt zornigem Menschenfresser, wurde bis ins tosende weite Meer hinaus fortgespült. Die Frau des Menschenfressers hatte durch ihren magischen Schuhlöffel die bizarre Verfolgungsjagd genau beobachtet. Wehmütig murmelte sie: „Flieh aus meinem Tempel, aus dieser Stadt! Flieh, ich hab es wirklich satt. Flieh, mein Baum, aus diesem Garten. Nichts anderes war hier zu erwarten, außer: Drama, Gold und Diebe. Ich empfehle dir Junge, wähl die Liebe." Nachdem die Menschenfresserin den Zauberspruch gesprochen hatte, entwurzelte sich der Baum samt Tempel und flatterte mit seinen starken unsterblichen Wurzeln weit empor zu den Sternen. Er hielt erst an, als er den Saturnmond erreicht hatte. Dort machte er es sich in einem Krater auf der Rückseite des Mondes, verborgen von den Teleskopen unserer Welt, schön gemütlich. Zurück blieb nur das gesprächige Eichhörnchen, welches sich in eine wunderhübsche Jungfrau mit wallendem rötlichem Haar, haselnussbraunen Augen und einer Vorliebe für Nusseis verwandelte hatte. Milo bedankte sich herzlich bei den zwei Raben und schenkte ihnen jeweils eine Kette mit einer handbemalten Dose, in der sie, auf ihren langen Flügen, ihren Reiseproviant aufbewahren konnten. Er selbst eilte wieder zu seiner

Mutter, spielte ihr ein Lied auf der Harfe und prompt war sie wieder voller Lebenslust. Das Harfenspiel lockte auch die noch etwas müde im Garten dösende Jungfrau in ihr Sandstein farbenes Haus. Milo war unmittelbar fasziniert von ihr. Ihr eigenwilliges Lachen raubte ihm den Verstand. Sie wirkte weltfremd, doch aus unerfindlichen Gründen schien sie ihm vertraut, so vertraut, dass er es nicht lassen konnte, sie auf ein Nussers einzuladen. Später heirateten sie und wenn ihnen das Nusseis nicht ausgegangen ist, dann leben sie noch heute. Nichtsdestotrotz war Milos größtes Glück sicherlich seine Entscheidung, auf sich zu vertrauen, sonst wäre all das ja nie passiert. Einst stand im Garten eines armen Jungen ein schmuckloser Tempel, der von einem Baum gestützt wurde. Doch heute wissen wir, wenn wir in schwülen Sommernächten die Sterne der Vergangenheit bestaunen, dass es den schmucklosen Tempel noch gibt, hoch oben, vielleicht hinter dem Saturnmond, oder einfach nur in unseren Gedanken, die mächtiger und magischer sind als der gesamte, verdammte Dynamit der Menschheit.

Ihre Birgit Werner

Rebecca Wiergowski

Bild Rebecca Wiergowski (Foto: Lukas Fröndt)

Rebecca Wiergowski (Bexit) ist Sängerin, Sozialpädagogischer Lifecoach und seitdem sie sich entschlossen hat ihrem Traum zu folgen und in die USA auszuwandern hat sie nun auch ihr Zertifikat als "Completion Process Practitioner" (eine Methode zur Trauma Therapie) und praktiziert dies online mit Menschen auf der ganzen Welt.

Sonja und die Gnome

„Sonja ist ein Sonnenschein, der seit sie klein ist, geplagt wird von diesen kleinen Gnomen die ihr einreden wollen, dass sie nicht genügt in dieser Welt- bis sie eines Tages herausfindet wer diese Gnome erschaffen hat und wie sie sie endlich loswerden kann.

Es lohnt sich immer einen Weg zu suchen."

Der Werbeslogan Es war einmal ein Paar, welches den sehnlichen Wunsch verspürte ihr gemeinsames Glück mit einem Kind zu krönen. Lange Jahre haben die Beiden es versucht und nachdem die Frau sogar eine Fehlgeburt überkam, hatten sie ihren Traum beinahe schon aufgegeben.

Doch dann, endlich, passierte es : Die Frau war nochmals schwanger. Schon nach wenigen Monaten fühlte sie, dass diesmal alles anders werden würde: Sie war erfüllt von einem Glücksgefühl voller Zuversicht.

Endlich war es dann auch soweit: Sonja wurde geboren. Beide Eltern waren überglücklich und Sonja war ein regelrechter Sonnenschein, weshalb sie auch ihren Namen erhielt. Die nächsten Jahre verliefen für die kleine Familie wie im Traum, Sonja wuchs und gedieh und man merkte schnell wofür dieses Kind auf diese Erde gekommen ist: Um die Menschen zum lächeln zu bringen. Die Familie unternahm viele Reisen. Sonja durfte schon sehr früh die ganze Welt kennenlernen und immer wenn sie auf neue Menschen traf, passierte das Gleiche: sie strahlte und die Menschen strahlten zurück. Jeder war fasziniert von ihr und Sonja hatte keinerlei Scheu vor dem Kontakt mit Fremden- im Gegenteil: Sie lebte als würde die Welt ihr gehören und wurde von jedem mit freudigen und offenen Armen empfangen, dem sie begegnete. Ihre Eltern scherzten manchmal und sagten, dass man Sonja jedem Menschen einfach so mitgeben könnte und sie würde es prima finden- einfach, weil sie so voller Urvertrauen in das Leben und in diese Welt war.

Man könnte sagen dass Sonja geboren wurde um Licht auf diese Welt zu bringen und die Menschen zu erheitern. Schon sehr früh merkte sie, das sie äußerst musikalisch war. Sie tanzte und sang und führte ihren Eltern kleine Auftritte vor.

Einige Jahre des Glücks vergingen und plötzlich passierte ein Wunder: die Mama von Sonja erwartete ihr zweites Kind. Sonja war ganz gespannt wie es wohl sein würde ein Geschwisterkindchen zu haben. Alle waren sehr überrascht und auch sehr froh über dieses Ereignis.

Sonja´s kleiner Bruder wurde geboren, doch leider war sein Start in das neue Leben nicht so einfach.. er musste fast sofort nach der Geburt operiert werden und war auch die nächste Zeit sehr häufig krank. Sonja erlebte etwas, was sie vorher noch nie erlebt hatte: sie war nicht mehr der Mittelpunkt der Universums für ihre Eltern. Sie verstand noch nicht genau was alles passierte, doch sie merkte dass es in diesen Momenten einfach sehr wichtig war, dass sich um den kleinen Bruder gekümmert wurde.

Da ihre Eltern für sie die ganze Welt waren und es schien als ob sie diese nun verlor, sie aber dennoch spüren konnte dass das Ganze zum Besten der Familie geschah, begann in ihr etwas ganz Komisches: sie fing damit an, Teile von sich nicht haben zu wollen. Sie merkte dass ihre Gefühle fehl am Platz waren und vor Allem von ihr selbst völlig unerwünscht. Eifersucht, Hass, Wut und Trauer- das waren Dinge die sie zuvor noch nie gespürt hatte. Sie verbrachte einige Wochen in diesem zwiegespaltenen Zustand und fühlte sich überhaupt gar nicht mehr wohl. Sie mochte sich selbst nicht mehr und ihre kleine perfekte Welt zerbrach in Scherben.

Eines Morgens wachte Sonja auf und fühlte sich um Einiges erleichtert. Hass, Eifersucht, Wut und Trauer waren einfach verschwunden. Sie war wieder der Sonnenschein der sie vorher gewesen war und überglücklich lief sie zu ihren Eltern herüber um sie teilhaben zu lassen an ihrer Erfahrung. Ihre Eltern sagten ihr, dass sie sich momentan um ihren Bruder kümmern müssen, doch dass sie sich schon sehr bald Zeit nehmen werden ganz für sie. Sie ging in ihr Zimmer und schloss die Tür. Plötzlich sah Sonja einen kleinen Gnom unter dem Teppich hervorkriechen. Er war klein, blau, runzlig und sah unglaublich hässlich aus. Seine fettigen Haare klebten an seinem pickeligen Gesicht und Sonja erschrak sehr. Er sagte mit einer gemein klingenden, fiesen Stimme: " Du bist ihnen einfach nicht mehr genug. Ist dir das noch nicht selbst aufgefallen kleines Dummerchen? Wenn es ihn nicht gäbe, dann wärest du immer noch die Nummer 1" Plötzlich sprang hinter dem Vorhang im Wohnzimmer noch ein Gnom hervor. Dieser war grün und hinterließ eine eklige Schleimspur wenn er sich bewegte. Er hatte noch ein paar Flusen auf dem Kopf und sah aus als wäre er schon 200 Jahre alt.

" Dein Bruder hat es geschafft. Mit seinen ganzen Problemen reißt er die ganze Aufmerksamkeit an sich. Da sieht man mal wieder dass es nichts nützt im Leben um ein gutes Kind zu sein. Je schwieriger man ist desto wichtiger ist man am Ende."

Sonja lief erschrocken und weinend weg. Sie wollte das alles nicht hören und außerdem machten diese Gnome ihr sehr viel Angst. Es klang so unglaublich gemein was sie sagten und doch glaubte sie ihnen irgendwie. Sie rannte zu ihrem Bettchen und warf die Bettdecke über den Kopf. Plötzlich wurde es ganz warm darunter. Sie sah ein helles, loderndes Licht und es schien als ob ein Feuer entfacht worden wäre. Als Sonja etwas genauer hinsah, bemerkte sie dass es ein neuer Gnom war der in Flammen stand. Sie hörte seine mächtige, laute Stimme, wie er sie anbrüllte: "Du bist so blöd, dass du dachtest es gäbe für deine Eltern für immer nur dich auf der

Welt Was bist du denn Besonderes? Was kannst du denn Besonderes? Die schönen Zeiten sind vorbei! Jetzt hör doch verdammt nochmal auf zu heulen!! Du bist ja wohl kein Baby mehr!!" Sonja heulte wie am Spieß und wusste nicht was sie noch tun konnte damit die Gnome sie endlich in Ruhe ließen. Als sie die Decke von ihrem Kopf entfernte, sah sie wie alle Gnome auf dem Boden Platz genommen hatten und sie vorwurfsvoll ansahen. Auf einmal hörte sie in der Ecke ihres Kinderzimmers ein Wimmern. Ein, gelber, schwächlicher, dünner und in sich versunkener Gnom schluchzte: " Sonja, du musst begreifen dass es nie wieder so werden kann wie es vorher war. Du bist nicht mehr geliebt und das musst du so hinnehmen. Wir müssen zusammenhalten und deswegen werde ich von nun an bei dir wohnen. Wie in einem Sprechchor riefen die Anderen Gnome plötzlich " Ich auch"!

Sie stellten sich vor: Der Blaue, Hässliche war die Eifersucht, doch das hat Sonja in ihrem zarten Alter noch nicht verstanden. Er war für sie einfach "der Blaue". Der Grüne, Schleimige war Der Hass, Der Orange, Feuerfarbene war die Wut und Der Gelbe, Schwache war die Traurigkeit. Sie benannte sie alle auch ganz einfach nach Ihrer Farbe.

Von diesem Moment an war Sonja nie wieder alleine, was eigentlich ein schönes Gefühl war. Wenn ihre Eltern mal keine Zeit für sie hatten, konnte sie sich sehr gut mit ihren Gnomen beschäftigen- und vor Allem fühlte sie sich gar nicht mehr so schlecht, da sie jetzt wusste, dass diese schlechten Charakterzüge gar nicht von ihr, sondern von denen kamen. Oft hatte sie, seitdem ihre kleine Welt zerbrochen war, das Gefühl nicht zu wissen wie sie sich verhalten soll. Irgendwie hatte sie sich selbst verloren, doch diese kleinen Gnome sagten Ihr von nun an was sie tun sollte. Auch wenn sie von ihrem Charakter her sehr unterschiedlich waren, so hätten sie doch alle Eines im Sinn: Sie wollten Sonja helfen, dass sie sich wieder geliebt fühlt und ihr Plan war, dass sie sich so verhält, dass sie von den Menschen die ihr sehr wichtig sind geliebt wird.

So hat sie sich von nun an sehr um ihr kleines Brüderchen bemüht. Vor Allem, weil die Gnome ihr rieten, dass sie sich ganz besonders anstrengen muss um genug Liebe ab zu bekommen. Sie sagten, dass sie am Meisten geliebt wird, wenn sie ein braves Mädchen bleibt und den Leuten zeigt wie lieb sie ist und wie gut sie alles schon kann. Sie müsste einfach ein bisschen schneller erwachsen werden, da sie jetzt die große Schwester ist. Obwohl sie erst 3 Jahre alt war, merkte sie, dass diese Taktik sehr gut funktionierte. Ihr Bruder konnte manchmal ganz schön laut sein und er brauchte aufgrund seiner Krankheiten sehr viel Aufmerksamkeit. Sonja tat ganz einfach so als würde es ihr nichts ausmachen und sie versuchte ihre Eltern einfach so wenig wie möglich zu belasten. Oft hörte sie Mama und Papa zu den Leuten sagen, dass sie so stolz sind auf Ihre kleine Tochter, weil sie sich so vorbildlich verhält und immer so fröhlich ist. Sonja hat schon früh damit angefangen auf Ihr Brüderchen aufzupassen, damit ihre Eltern Zeit haben für Ihre Arbeit. Ihre Oma passte manchmal auf sie beide auf, doch das war oft schwerer, als wenn sie alleine war mit ihm, da Oma eigentlich jemanden gebraucht hätte der auf sie aufpasst. Außerdem war es ganz schön schwierig ihre Gnome unter Kontrolle zu behalten, denn obwohl diese ihr oft sehr viele Tipps gaben, kam deren starker Charakter sehr oft hoch und sie versuchte dies zu unterdrücken. Die Trauer und die Wut hielten sich immer sehr zurück, doch der Hass und die Eifersucht gaben Sonja manchmal bestimmte Aufträge und wenn sie nicht aufpasste, machte sie manchmal das was sie ihnen sagten. Und wenn sie das getan hatte, fingen Wut und Trauer ihr die ganze Zeit an, bestimmte Dinge einzureden, welche Hass und Eifersucht wieder stärker zu machen. Ich gebe euch einfach mal ein Beispiel eines solchen, sehr schwierig zu unterbrechenden Kreislaufs. Da man schwierig den Anfang und das Ende davon zu packen bekommen kann, beginne ich nun einmal bei Hass und Eifersucht:

Sonja spielte zum Beispiel einmal alleine mit ihrem Brüderchen. Dadurch dass sie den ganzen Tag damit beschäftigt ist ihre Gnome zu unterdrücken, war dies der Moment in dem sie sich endlich mal entspannen konnte. Diese Chance nutzten die Gnome um mit voller Kraft voranzupreschen. Die kleinste Situation mit Sonjas Bruder genügte dazu, um einen Streit zu provozieren. Die Gnome machten Sonja so sauer, dass sie ihren Bruder anschrie und wenn dieser sich wehrte wurden die Gnome noch größer und stärker- bis die zwei Kinder schließlich anfingen sich zu schlagen. Und da Sonja um Einiges größer war, gewann sie immer den Kampf. Wenn ihr Bruder dann weinte, wurden plötzlich Trauer und Wut ganz groß. Die Wut richtete sich fast ausschließlich gegen sie selbst und versuchte ihr deutlich zu machen was für ein schlechter Mensch sie war. Diese verstärkte die Trauer, welche aber nie rauskommen durfte, weil die Eifersucht Sonja weismachte, dass sie die Erwachsene spielen müsste, weil ihre Eltern schon genug zu tun haben mit ihrer Arbeit und ihrem Bruder. Außerdem war das ja schließlich das, was sie gut konnte und womit sie dafür sorgte, dass sie Liebe und Aufmerksamkeit bekam. Die Eifersucht erzählte ihr auch, dass sie ohne dieses Verhalten nichts dergleichen abbekommen wird. Das ganze Spielchen weckte wiederum den Hass und machte ihn stärker, auf das Leben, auf diese Umstände, auf ihren Bruder -aber vor Allem auf sich selbst- weil es ihr nie vollständig gelang alle ihre Gnome zu kontrollieren. Aber - und das war das Allerwichtigste, niemand merkte dass sie da waren. Das würde nämlich die ganzen Pläne ruinieren die ihre Gnome ihr erschaffen haben um geliebt zu werden.

Sonja ist schon sehr früh immer sehr kreativ gewesen. Sie wollte immer Sängerin werden und übte sehr viel auf Ihrem Zimmer Eines Tages sagte sie zu Ihren Eltern, das sie ein Lied vorbereitet hat, welches sie gerne präsentieren würde. Sie wollte eine ganze Show daraus machen und erhoffte sich natürlich einen tosenden Applaus.

Eines Samstag Abends um 20 Uhr ging es los. Sie hatte extra einen Oldie ausgesucht, den ihre Eltern besonders oft spielten. Erwartungsvoll saßen ihre Eltern und ihr Bruder auf der Couch. Sie drückte beim Radio auf „Play" und begann ihre Show. Sie sang und tanzte mit voller Inbrunst, doch plötzlich fing ihr Brüderchen an Krach zu machen. Er stand auf und tanzte vor Sonja herum und er schrie so laut, dass man sie und die Musik gar nicht mehr hören konnte. Ihre Eltern versuchten ihn zu beruhigen und er bekam einen Wutanfall. Sonja merkte, dass niemand mehr auf sie achtete und ihre Show war vorbei. Das Lied war zu Ende und der tosende Applaus blieb aus. Da ihr Bruder so wild geworden war, mussten sich ihre Eltern erstmal um ihn kümmern. Sonja ging auf ihr Zimmer und dachte daran, was die Gnome ihr geraten hatten. Sie solle nicht schwierig sein, hatten sie ihr gesagt.

Plötzlich kamen die Gnome aus den Ecken ihres Zimmers hervor und vor Allem der Blaue Eifersuchtsgnom und der rote Wutgnom ergriffen das Wort. Sie lachten Sonja aus, dass sie schon wieder versucht hatte mit ihrem wahren Wesen die Liebe und die Aufmerksamkeit ihrer Eltern zu bekommen. Sie hatten ihr doch gesagt dass ihr Weg ist, einfach nicht aufzufallen und brav zu sein. Niemand interessiere sich für ihre Talente, sondern sie soll einfach gut in der Schule sein, auf ihr Brüderchen aufpassen und wenn sie traurig oder wütend ist, dies einfach mit sich selbst oder mit den Gnomen ausmachen. Nun hatte sie endlich begriffen. Sie wusste nun endlich wie es lief und viele Jahre funktionierte diese Plan wirklich äußerst gut. Ihre Eltern verbrachten sehr viel Zeit mit ihr und genossen es, mit ihr in den Urlaub zu fahren, so wie früher. Für sie war es eine Art Entspannung mit Sonja Zeit zu verbringen, da sie immer fröhlich und gut gelaunt war und man sie überall mit hinnehmen konnte. Sonja genoss das, und es war allemal besser als sich nochmal so verstoßen fühlen zu müssen. Sie vergrub sogar ihr Gesangstalent, weil die Gnome ihr gesagt hatten, wenn es gut genug gewesen wäre, hätte sie ja wohl die Aufmerksamkeit ihrer Eltern bekommen

So wuchs Sonja langsam heran - und ihre Gnome wuchsen mit ihr. Als sie langsam zum Teenager heranwuchs, geschah eine Situation mit ihrer Mutter, in der Sonja glaubte, das gesamte Vertrauen ihrer Eltern verloren zu haben. Es war eigentlich ein harmloser Streit um Kleidung, welcher sich irgendwie von beiden Seiten zugespitzt hatte. Trotzdem machte er von der einen auf die andere Sekunde Sonjas Gnome fast unkontrollierbar. Von nun an ließ sie alles Verhalten und alle Pläne los um von ihren Eltern Liebe zu bekommen. Die Wut wurde so unglaublich groß und trug Sonja auf von nun an das Gegenteil von dem zu machen, was sie vorher tat. Anstatt Liebe zu bekommen, war es nun das Ziel so frei und unabhängig wie möglich zu sein. Es wurden komplett neue Pläne geschmiedet von den Gnomen, wie sie dies am besten tun kann. Zum Beispiel fing sie von nun an sehr laut aggressive Musik zu hören und nur noch schwarze Kleidung zu tragen. Der Wutgnom genoss diese Ausführungen und wurde immer stärker und grösser. Ganz heimlich, still und leise wurde dabei aber auch der Trauergnom immer mehr genährt, da eigentlich die ganze Einladung dieser Gnome nur stattgefunden hat, weil Sonja traurig war. Da auf diese Weise alle Gnome enorm wachsen konnten, trugen sie Sonja immer mehr auf, wie zum Beispiel Death Metal Musik hören, in der

Schule nicht mehr mitzuarbeiten, etc. Sie schloss sich den falschen Gruppierungen an und ließ ihre alten Schulfreundinnen hinter sich. Stattdessen hatte Sonja eine Freundin die ganz viel Kontakt mit älteren Männern hatte die Drogen nahmen. Relativ schnell begann sie zu rauchen, zu trinken und die ersten Marihuana Erfahrungen folgten auch relativ zeitig.

Ihre Gnome wuchsen, gediehen und fühlten sich wohl, wodurch Sonja sich auch viel besser fühlte. Irgendwann mussten sie ihr nicht mehr sagen was sie machen sollte, weil sie ein Gespür dafür bekam, was sie von ihr wollten. Das Tollste für sie an der ganzen Sache war, dass sie die ganzen Gefühle die sie damals vermisst hatte, plötzlich hatte. Sie bekam sehr viel Anerkennung von ihren vielen neuen Freunden. Sie mochten sie sehr gerne und dadurch dass sie alle die gleichen Erfahrungen machten, schweißten sie enorm zusammen. Sie brauchte Ihre Eltern gar nicht mehr und redete überhaupt nicht mehr mit Ihnen. Sie hatte eine neue Familie gefunden, in der Drogen, Alkohol und Partys ganz oben auf der Liste standen und es war herrlich. An Probleme dachte sie nicht mehr und sie machte sich auch überhaupt keine Sorgen dass das Ganze vielleicht nicht gut für sie ist, denn es fühlte sich wunderbar an. Und richtig.

Es dauerte nicht lange bis Sonja auch ihre ersten Beziehungen zu Jungs und Männern hatte. In dieser Szene gab es natürlich sehr viel Auswahl und Sonjas Reinheit und Licht, welches natürlich immer noch um sie herum schien, zog die schwierigsten Menschen quasi an. Sonja begann nicht nur süchtig zu werden von Drogen und Alkohol, sondern auch nach der Anerkennung dieser Männer. Von nun an lebte sie ihr Leben von Party zu Party und von Beziehung zu Beziehung. Auch wenn ihr Herz dabei oft gebrochen wurde, so musste sie dies doch nie lange fühlen, denn die Ablenkung war meistens schon um die Ecke zu finden.

Interessant war, dass Sonja irgendwann komplett vergessen hatte, dass Ihre Gnome noch da waren. Sie hatten einfach aufgehört mit ihr zu reden und da sie selbst sehr oft unangenehm fand, was sie ihr zu sagen hatten, war sie eigentlich ganz zufrieden damit.

Was sie nicht wusste, war, dass ihre Gnome sich in großartiger Gesellschaft befanden. Anfangs mussten sie noch in Sonjas Nähe bleiben, um sich von Ihren Emotionen zu ernähren, doch eines Tages waren sie groß genug um eigenständig herumzulaufen um dann immer wieder zu ihr zurückzukehren.

Die vielen Bekanntschaften die Sonja nun machte in ihrem Leben, hatten selbst auch ganz viele Gnome um sich herum. Dies war eine großartige Gesellschaft für sie und gemeinsam heckten sie Pläne aus, wie sie ihren Menschen mehr und mehr Energie nehmen konnten. Sie wuchsen und wuchsen, wurden immer mehr und mehr und die Menschen vergaßen vollkommen dass es sie gab und mussten nicht einmal mehr die ganze Zeit beeinflusst werden, sondern führten alles exakt so aus, wie die Gnome es geplant hatten.

Es gab natürlich manchmal Momente in Sonjas Leben, wie zum Beispiel als sie sah das Ihre Eltern verzweifelten und sehr traurig wurden, in denen Sonja ein kurzes Aufblitzen davon hatte was jetzt das Richtige wäre . Zum Beispiel als sie in der Schule plötzlich von der Klassenbesten zur Allerschlechtesten gerutscht ist. Dies alles erzeugte einen enormen Druck bei ihr, der sie sehr unglücklich machte. Ihre Gnome erzählten ihr dann, das ihre Eltern ja schließlich diejenigen sind, welche sie in diese Situation gebracht haben und vor Allem der Hass- und der Wut Gnom lieferten schnell die passenden Argumente, warum sie durchziehen muss, was sie begonnen hat. In der Zwischenzeit wuchs der Trauergnom heran und wurde immer stärker. Mittlerweile erkannte Sonja die Stimmen ihrer Gnome nicht mehr, sondern dachte das es ihre eigenen Stimmen in ihrem Kopf sind.

In dem Kampf mit ihren Eltern ging es um Freiheit. Diese spürten natürlich dass etwas nicht stimmt, aber dass Sonja sich so schnell, so sehr verändern würde, das hatten sie natürlich nicht gedacht. Sie machten sich extrem viele Sorgen und fühlten sich sehr machtlos, weswegen sie öfters zu Maßnahmen griffen die Sonjas Kampf um Freiheit nur immer mehr verstärkten. Der Kreislauf wurde immer schlimmer und irgendwann machten beide Seiten eigentlich nur noch das Gegenteil von dem, was eigentlich das Richtige wäre.

Natürlich hatten Sonjas Gnome mit den Gnomen ihrer Eltern enorme Freundschaften geschlossen, denn alles lief genau nach ihrem Plan.

Der Kampf um Freiheit war Sonjas neues Lebensziel geworden. Die Anerkennung erhielt sie mittlerweile von fragwürdigen Gestalten und wenn sie mal enttäuscht wurde, hatte sie ja genug Mittel und Wege diese schlechten Gefühle so schnell es ging zu betäuben. Sie wollte einfach nur weg.

Die Dinge die sie jetzt glücklich machten, waren das Besuchen von Konzerten und Partys, die ständigen Auf und Abs von sehr emotionalen Beziehungen und die vielen Bekanntschaften die sie nun machte.

Was Sonja nicht wusste war, dass ihre Gnome mittlerweile hunderte von anderen Gnomen gebündelt hatten. All die Menschen, die wie sie , innerlich unglücklich waren,

Drogen nahmen und Musik hörten,

welche ihren Geist immer mehr verwirrte, hatten mindestens genauso viele Gnome bei sich, wie Sonja auch. Manchmal sorgten die Gnome dafür dass die Verbindung zu bestimmten Menschen entstand.

Weil Sonja ja ihren Wunsch der Freiheit immer mehr lebte, indem sie sich immer mehr von ihren Eltern entfernte und sogar für Ihre Ausbildung ins Ausland gefahren ist, kam ihr altes "Anerkennungseinforderungs" -Thema wieder zurück und sie umgab sich mehr und mehr mit Menschen , die in einer Lage waren in der sie Hilfe brauchten. Auch ihre Beziehungen verliefen auf eine immer krasser werdende Weise. Die Männer die sie hatte waren meistens kriminell, drogensüchtig oder waren anderweitig in einer schwierigen psychischen Lage. In der Zeit bemerkte Sonja ihre eigenen Schwierigkeiten nicht mehr. Sie war so sehr darin versunken anderen zu helfen, dass sie nicht das Gefühl hatte dass sie selbst auch einige Baustellen hat. Sie wählte sogar einen Beruf in dem sie mit kriminellen Gefängnisinsassen arbeitete, führte jedoch gleichzeitig ihr geheimes Partyleben weiter.

Irgendwann spürte sie die gleichen Fesseln, die sie auch damals bei ihren Eltern gespürt hat. Ihre Gnome waren zwar äußerst wohlgenährt, doch sie spürten dass sie Sonja doch noch einiges einflößen mussten, um sicherzugehen dass ihre Situation sich verschlimmerte. Die vier setzten sich zusammen und überlegten sich einen Schlachtplan. So wie es jetzt war, gab es genug Emotionen für sie alle, doch Sonja schien sich sehr gut an ihre Situationen anpassen zu können, sodass sie sich immer relativ schnell fing. Irgendwie musste es doch möglich sein, sie in Situationen zu bringen, die dafür sorgten dass sie Entscheidungen traf, die ihr Leben auf Dauer verschlechtern konnten. Sie berieten sich eines Tages auch noch mit anderen Gnomen und überlegten was es zu tun gab.

Da die Kriminellen, mit denen Sonja arbeitete, sehr gut beeinflussen waren, war es relativ einfach diese dazu zu bringen Sie in schwierige Ereignisse zu verwickeln.

Auch Sonjas Arbeitskollegen hatten viele Gnome um sich herum und schnell passierte es, dass sie sich auf der Arbeit sehr schlecht fühlte. Sie fühlte ihre Freiheit nicht mehr und begann über einen neuen Ausweg nachzudenken um sich frei zu fühlen.

Um ihr noch einen kleinen Ruck zu verpassen schickten die Gnome ihr einen Mann in ihr Leben, der die Situation schnell so verändern sollte.

Sonja verliebte sich sehr schnell in ihn und so nahm das Schicksal seinen Lauf.

Diese Beziehung verlief wie ein Tornado. Sie zog sofort zu ihm. War völlig hin und weg, von einem Mann, der alles für sie tat. Er kümmerte sich um sie, tat alles, schenkte ihr Sachen und sie bemerkte überhaupt nicht, dass er immer mehr ihr Leben wurde. Auf seine ersten Eifersüchteleien reagierte sie entschuldigend und versuchte ihm klar zu machen, dass es nur ihn gab in ihrem Leben und niemand anders. Als er irgendwann anfing ihr vorzuwerfen, dass sie auch in ihrer Freizeit und auf der Arbeit ständig fremdgehen würde, war es ihr einziger Ausweg den Kontakt zu Freunden größtenteils abzubrechen. Auf der Arbeit nahm sie sich auch immer öfters frei und meldete sich krank. Die Streitigkeiten wurden immer extremer. Ihr Partner wurde manchmal sehr böse, wegen Dingen die Sonja angeblich gemacht haben soll. Manchmal schrie er sie sogar an und nach einiger Zeit flogen sogar Gegenstände durch die Wohnung.

Sonja bemerkte nachts wie er heimlich Drogen nahm, doch er stritt dies vehement ab und behauptete das würde er nur am Wochenende mit ihr machen. Manchmal warf er ihr völlig irre Dinge vor , bei denen Sonja überhaupt nicht wusste wie er darauf kam. Sonja wusste natürlich nicht, was im Hintergrund alles passierte. Wenn Menschen Drogen nehmen, ist es für Gnome sehr leicht mit Ihnen zu reden, ohne dass diese es merken. Bei Sonjas Freund war dies ein leichtes Spiel, da er 24 Stunden lang Drogen genommen hat. Seine Gnome erzählten ihm die wildesten Geschichten darüber, dass Sonja jeden Tag mehrmals mit fremden Männern ins Bett geht. Sie sagten ihm sogar sie träumt die ganze Nacht von Anderen. Das waren sie sogar schon gewöhnt, weil sie es in seiner letzten Beziehung auch getan haben. Dass er in seiner letzten Beziehung seine Partnerin mit einem Messer verletzt hatte und lange Zeit im Gefängnis gesessen hat, nachdem die Gnome ihn mit genug Geschichten heiß gemacht hatten, sollte Sonja erst viel später erfahren.

Sie versuchte hingegen zu überlegen wie sie ihrem geliebten Freund helfen konnte. Sie versuchte zu ergründendes was mit ihm los ist, versuchte zu klären was ihn so verletzt hat. Seine Geschichte war, dass er in seiner letzten Beziehung betrogen worden war. Das verstand Sonja natürlich und sie versprach ihm, ihm in seinem Prozess zu begleiten. Er sollte eine Therapie folgen und sie würde versuchen mit seinen aggressiven Ausbrüchen umzugehen. Sie bat ihn zwar, ihr nicht weh zu tun, das wäre nämlich bei ihr DER Trennungsgrund- doch dass auch sehr viele andere schlimme Dinge passieren konnten war ihr zu dem Zeitpunkt noch nicht klar.

Sie begann Angst vor ihm zu bekommen, immerhin war er einiges älter und sehr groß und breit gebaut. Wenn die Gnome ihr Werk getan hatten und er sich selbst genug in seine Wut hereingesteigert hatte, beschimpfte er Sonja und schrie sie an. Sie versuchte so gut wie möglich die Situation beruhigt zu halten, indem sie sich für Verhalten entschuldigte, welches sie nie begangen hatte. Sie passte sich an, versuchte Streit zu vermeiden und wurde trotzdem nachts geweckt, weil ihr vorgeworfen wurde, sie würde im Schlaf von anderen Männern reden. Für Sonjas Wut -und ihren Eifersuchtsgnom war es eine wahre Wonne. Sie erzählten ihr, sie müsse einfach noch mehr ihr Bestes versuchen und er würde sich irgendwann beruhigen. Sie befolgte diese Ratschläge aber ihre Kraft sank und sank. Sie wurde immer mehr zum Nervenbündel. Die gleichzeitige Belastung ihrer Arbeit und dieser Beziehung zehrten an ihren Kräften. Sie hörte auf zu Essen und wurde langsam aber sicher depressiv und kraftlos.

Eines Abends besuchten Sonja und ihr Partner einen Geburtstag eines Freundes. Der ganze Abend verlief relativ ruhig. Als sie aber nachher zurückführen eskalierte die komplette Situation. Er warf ihr mal wieder vor dass sie "geheime" Zeichen ausgetauscht hätte mit einer Freundin. Er drohte ihr mit dem Auto in ein Haus zu fahren und deren beider Leben zu beenden, wenn sie nicht endlich "die Wahrheit " sagen würde. Als sie versuchte die Polizei zu rufen packte er ihr Handy und zerschmetterte die Windschutzscheibe damit. Auch das Handy zersprang in tausend Einzelteile. Sonjas Freund fuhr über sämtliche rote Ampeln und sie entkamen einigen sehr knappen tödlichen Szenarien.

In einem Moment, als ihr Freund kurz abbremsen musste weil er abbog, sprang Sonja aus dem fahrenden Auto. Sie rannte um ihr

Leben. Als sie sich umdrehte, sah sie , dass er einfach das Auto hat stehen lassen und ihr hinterhergerannt ist. Sie lieferten sich eine Verfolgungsjagd und irgendwann hatte er sie eingeholt. Sie versuchte sich loszureißen. Er würgte sie und riss ihr einen Ohrring aus. Sie riss sich von ihm los und schellte bei den naheliegenden Häusern an, was leider nicht dazu führte dass jemand herauskam und ihr zur Hilfe eilte. Als er sie wieder gepackt hatte und versuchte sie zu würgen, fuhr ein Mädchen auf dem Fahrrad vorbei. Sonja schrie um Hilfe und das Mädchen zückte ihr Handy und rief die Polizei. Sobald die Polizei da war, wurde ihr Freund wieder reumütig und entschuldigte sich für sein Verhalten. Die Polizei stellte zwar in dem Moment sicher, dass Sonja ihre Sachen aus der gemeinsamen Wohnung holen konnte- doch ihr Freund hatte anscheinend einen Zweitschlüssel, mit dem er doch später die Tür öffnete. Sonja hatte in der Zwischenzeit ihre Eltern angerufen, was sie eigentlich lieber nicht wollte, doch in dieser Notsituation nicht wusste was sie sonst anders machen könnte.

Er kam herein und drohte mit zukünftigem Selbstmord wenn sie ihn verlassen würde. Sie war völlig wütend, schrie ihn an und hatte ihren Entschluss fest gefasst.

Zuhause bei ihren Eltern angekommen, ließen sich all ihre Gnome mal wieder persönlich bei Sonja blicken. Sie war völlig am Boden und für die kleinen Kreaturen ein leichtes Ziel zur weiteren Manipulation. Sie versuchten sie zu überreden wieder zu ihrem Freund zurückzugehen. Dies taten sie so eindringlich, dass Sonja nach einigen Tagen wirklich glaubte dass dies eine gute Idee sei. Sie musste dort ja noch Sachen abholen und überlegte sich bereits, wie sie dann vielleicht einfach wieder bei ihm einziehen könnte.

Sonjas Vater machte den Gnomen einen großen Strich durch die Rechnung, indem er sagte dass er auf jeden Fall mitkommen wollte zur Abholung der Sachen. Dies erwies sich als extrem klug, denn in der Tat ergab sich an diesem Tag eine Situation in der ihr Ex Freund sie wirklich fast wieder in seinen Fängen hatte.

Von nun an schlief Sonja bei einer Freundin im Zimmer auf dem Boden und versuchte sich wieder aufzurappeln. Richtig glücklich fühlte sie sich nicht mehr. Natürlich haben ihr die Beziehung und vor Allem das Ende davon sehr zugesetzt- aber auch das Gefühl es nicht alleine zu schaffen verankerten sich tief.

Wut-, Hass-,Trauer und Eifersuchtsgnom setzten sich erneut zusammen um die Lage zu besprechen. Als Sonja noch bei ihrem Ex Freund war, hatten sie sich an eine extrem hohe Dosis an Emotionen gewöhnt und jetzt befanden sie sich in einer Art Entzug davon. Sie wussten ganz genau, dass es ihr am besten tun würde wenn sie mal zur Ruhe käme und Stabilität erfahren würde. irgendwie mussten sie verhindern dass dies passierte. Ihre feste Arbeitsstelle war ihnen ein Dorn im Auge und auch diese unsägliche Kraft die sie hatte, immer wieder auf die Beine zu kommen und sich zu fangen.

Erneut spitzten sie mit Hilfe der Gnome von anderen Menschen die Situation immer mehr zu und verursachten ihr große Schwierigkeiten.

Sonja verspürte immer mehr den großen Drang sich wieder ihre Freiheit zu erkämpfen und es einfach mal alleine schaffen zu wollen. Sie lernte "zufällig" (natürlich gnominszeniert) Leute kennen, die berichteten von fernen Ländern in denen man reisen könnte, hier und da arbeiten und wo man tolle Leute kennenlernen könnte. "Das mache ich", dachte sie sich und ihre Gnome rieben sich die Hände.

Also kündigte Sonja ihre Arbeit und zog los, ohne Geld im Portemonnaie und ohne irgendeinen Plan. Sie ging so weit von dem Ort an dem sie aufgewachsen war, wie es geht und das fühlte sich unglaublich gut an. Sie lernte überall sofort Menschen kennen und fand schnell neue Bekanntschaften für ihre Reiseplanung. Diese Bekanntschaften waren zuvor von ihren Gnomen auserlesen worden und mussten immer bestimmte Eigenschaften erfüllen, damit sie in das Schema passten, was ihnen am meisten Nahrung liefern würde. Es waren immer Menschen, die wie sie, eigentlich ganz tief drin verletzt waren, Liebe suchten und versuchten diese Gefühle durch Partys und Alkohol zu übertünchen. Dieses gesamte Reisejahr war für Sonja eine große Feier. Sie trank jeden Tag und feierte was das Zeug hielt. Sie fühlte sich glücklich und frei, aber nur weil sie nie Zeit hatte mal zur Ruhe zu kommen. In diesem Stadium war sie für ihre Gnome sehr leicht zu manipulieren und sie labten sich an ihren unterdrückten Gefühlen und an den Bekanntschaften die sie dort schloss. Auch hier verliebte sie sich unglücklich, da ihre Liebe, nach monatelangem Zeit verbringen mit einem Mann nicht erwidert wurden. Sonja erfuhr wieder eine Depression. Diesmal war es aber um Einiges heftiger als sie es zuvor erlebt hatte. Sie konnte gar nicht mehr aufstehen, wollte nichts essen und weinte ununterbrochen. Sie war in einem fremden Land und fühlte sich nur noch einsam und allein.

Dieser Zustand hielt mehrere Wochen an und verschlimmerte sich noch, weil sie die Beziehung zu dem Mann nicht los ließ und sich auch noch weiterhin mit ihm traf. So weit weg von Daheim war er für sie ihre Familie und wie ihr euch vorstellen könnt, hatten die Gnome ihre Finger im Spiel, jedes Mal wenn sie einen klaren Moment hatte. Am Ende wohnte sie sogar mit ihm zusammen, weil sie zu schwach war um zu dieser Idee "nein" zu sagen.

Es sah für sie gar nicht gut aus. Ihre Gnome feierten eine Party. Die Krone dieser Reise für sie, war als dieser Mann sie herausschmiss um eine andere Frau übers Wochenende empfangen zu können. So war Sonja plötzlich auch noch ohne eine Wohnung. Sie verbrachte ein paar Nächte auf der Straße und überlegte sich was sie nun tun sollte. Die einzige Lösung in dem Moment für sie war es, ihre Eltern anzurufen und diese zu bitten ihr das Geld vorzustrecken für ein Flugticket nach Hause. Dies war natürlich eine vollkommene Demütigung, doch ohne Geld und ohne Dach über dem Kopf konnte sie sich nichts Anderes vorstellen. Ihre Eltern halfen ihr natürlich sofort und nahmen Sonja wieder bei sich auf.

Wieder hatte sie etwas getan was sie absolut nicht tun wollte. Wieder war sie bei ihren Eltern, obwohl sie doch Freiheit wollte, wieder war eine Liebe zu Ende gegangen. In ihrem unglaublichen Kummer und Selbstmitleid versunken begann sich die Situation im Elternhaus wieder zuzuspitzen. Die alten Muster ihrer Rebellion und der Reaktion ihrer Eltern darauf bauten einander wieder auf. Ihre Gnome brauchten gar nicht viel tun, außer sich zurückzulehnen und die Show zu genießen.

Sonja flüchtete wieder zu alten Freunden und lernte schnell wieder einen Mann kennen, zu dem sie relativ schnell einzog- unter anderem um der ganzen Situation zu entfliehen. Dieser Mann war ein Drogendealer und ihr könnt euch vorstellen was dann passierte. Wo sie doch zuvor eher ein "Partyuser" war, wurde nun übermehrere Monate hinweg täglich konsumiert. Sonja fand nicht sofort eine Arbeit und ihr Lebensstil änderte sich drastisch. Sie sorgte immer schlechter für sich selbst, aß kaum noch und "genoss" ihre neugewonnene "Freiheit". Als sie endlich eine Arbeitsstelle fand normalisierte sich das Ganze wieder etwas, doch die

Wochenenden übertrieb sie es extrem und ging über ihre körperlichen Grenzen. Da sie ihre Arbeit nicht sonderlich mochte, brauchte sie diesen Ausgleich. Die Jahre verstrichen. Diese Beziehung ging auch wieder mit einem großen Drama zu Ende in dem sie diesmal sogar mit Schusswaffen bedroht wurde. Sie fand schließlich eine eigene Wohnung.

Mit Ach und Krach lebte Sonja ihr Leben, voll mit Arbeit die sie nie machen wollte, Beziehungen mit großen Dramen und ihre einzige Energieressource waren die Wochenenden, an denen sie 2 Tage und Nächte lang durchtanzte. Sie hatte es sich eigentlich so vorgestellt, dass es immer so weitergehen würde. Sie wusste, dass sie auf diese Weise nicht alt werden würde, doch sie wollte das auch gar nicht. Alles was sie wollte, war, so viele Hochs wie möglich im Leben mitzunehmen.

Sie schaffte es, zumindest ein wenig Routine in ihr Leben zu bringen. Auch wenn sie es nie schaffte, all die Dinge des alltäglichen Lebens zu ihrer Zufriedenheit zu meistern, verdiente sie recht gut, konnte sich ihre Wochenenden leisten und außer dass sie sich sehr oft erkältete oder krank wurde, ging es ihr einigermaßen gut. Sie begann genug Ruhe in ihrem Kopf zu haben, um nachzudenken, was sie noch in ihrem Leben machen möchte. Die Idee mit dem Singen war zu tief eingekerkert, als dass sie nach oben hätte kommen können. Sie meldete sich daher bei einigen Tanzkursen an und hatte so natürlich ein sehr volles Programm in ihrem Leben. Der Stress , sich von ihrem Wochenende zu wiederholen , die ganze Woche zu arbeiten und noch zu tanzen nährte die Gnome ein wenig. Als sie dann auch noch anfing Sport zu machen, ein Instrument zu lernen und in einer Band zu spielen, nährte es sie zwar noch ein wenig besser, aber sie machten sich Sorgen, dass Sonja vielleicht doch aus Versehen glücklich werden könnte und sie kläglich dahinscheiden würden eines Tages. Sie mussten ja schließlich auch an ihre Zukunft denken.. Was wäre nun wohl ein guter Schachzug um sie wieder ins Unglück zu stürzen? Die Frage könnt ihr euch mittlerweile mit Sicherheit selbst beantworten.

Ihr nächster Mann kam spontan auf einer Party in ihr Leben. Sonja verlor sich selbst wieder relativ schnell, sie stürzte sich wieder in diese Beziehung, die ihr zum Verhängnis werden sollte. In dieser Beziehung kann man sprechen von einer großen Narzisten/Empathen Problematik. Sonja versuchte sich schon nach wenigen Tagen zu lösen aus dieser Partnerschaft, doch sie war schon nach kürzester Zeit vollkommen versunken. In der nächsten Zeit sollte sie alle paar Tage versuchen die Beziehung zu beenden und es niemals schaffen. in dieser Zeit, sollte sie eine Seite an sich kennenlernen, die sie nie zuvor kennengelernt hatte. Dieser Mann schaffte es eine Furie aus ihr herauszuholen, vor der sie selbst erschrak. Sonjas Gnome hatten den Masterplan entwickelt. So gut hatten sie es noch nie. Über einen solch langen Zeitraum so viel Futter zu bekommen war für sie eine unfassbare Wonne und das Allertollste war, dass sie fast überhaupt nichts dazu beitragen mussten. Diese beiden Menschen gruben sich selbst immer tiefer in ihr fatales Schicksal hinein. Wenn es gut lief, lief es hervorragend und wenn es schlecht lief, wären die Beiden sich am liebsten an die Gurgel gegangen. Drogen und Alkohol sorgten dafür, dass der Zunder in ihrer Beziehung immer erhalten blieb. Die Beiden lebten exzessiv und es gab keine Erholung von Party, Sex , und Streiterei.

Sonja begann wieder das destruktive Verhalten ihrer Depression anzunehmen. Sie mochte nicht mehr essen, wurde immer schwächer und selbst Wasser nahm sie nicht mehr zu sich. Sie war vollkommen am Ende ihrer Kräfte. Sie konnte eines Tages nicht mehr arbeiten und kaum noch aus dem Bett aufstehen. Trotz Allem führte ihr Freund den Streit fort und krankerweise war Sonjas einzige Hoffnung im Leben, diese Beziehung zu retten.

Nachdem sie mehrere Tage allein im Bett gelegen hatte und sich wünschte das alles bald ein Ende hätte hörte Sonja plötzlich ein lautes, Geräusch. Kennt ihr das Geräusch, wenn ein Heißluft Ballon in die Luft steigt? So klang es. Sonja lief auf ihren Balkon um nachzusehen was das war.

Sie konnte ihren Augen kaum trauen. in ihrem Vorgarten stand ein Riesiger Drache. Er hatte leicht rötliche Schuppen, ein beeindruckendes Gesicht, welches zwar auf den ersten Blick ziemlich furchterregend aussah, aber wenn man in seine Augen sah, sah man die enorme Liebe die er in sich trug. Sonja war völlig verblüfft und sie musste weinen aufgrund dieser enormen liebevollen Energien die er verströmte. Dieser Drache sagte ihr, dass er nur für sie gekommen ist, um ihr wieder den Weg ihres Herzens zu zeigen. Das erste Mal in ihrem Leben hatte sie das Gefühl, dass es ein Wesen gibt, welches sie zu einhundert Prozent versteht. All ihre Sorgen waren auf einen Schlag vergessen und der Drache lud sie ein auf seinen Rücken zu steigen um eine Reise in ihr Selbst zu machen. Sonja stieg auf und die Reise ging los. Sie flogen ganz hoch hinauf, so weit bis man nichts mehr sehen konnte, außer weißem Licht. Sonja sah an sich herunter, beziehungsweise versuchte sie es. Sie war selbst das weiße Licht geworden. Sie fühlte sich vollkommen klar und voller Liebe. Sie verstand dass dies ihr wahres Sein war, welches unendlich weit ist und schon sehr sehr alt. Sie hatte plötzlich ein unglaubliches Wissen über die gesamte Welt und es fühlte sich für einen Moment so an, als ob sie auf einmal das gesamte Leben verstand. in dieser Glückseligkeit verweilte sie eine bisschen. Plötzlich sah sie da unten sich selbst-

also Sonja. Sie sah es, als ob Sonja nur ein Teil von ihr wäre der sich abgelöst hat. Sie verspürte eine große Liebe zu diesem Menschen, fast so, als wäre es ihr Kind. Sie betrachtete ihr ganzes Leben auf dieser Erde. Sie beobachtete ihre Kindheit und konnte etwas sehen, was sie schon völlig vergessen hatte: sie sah, wie die Gnome ihr gesamtes Leben neben ihr herliefen. Sie konnte sich gar nicht vorstellen, dass Sonja wirklich deren Existenz vergessen hatte. Sie wollte sich gerne einmal den allerersten Moment ansehen in dem sie in ihr Leben gekommen waren. Sobald sie daran gedacht hatte, lief der Film schon vor ihren Augen ab. Sie sah, wie sie in ihrem Zimmer war und die Gnome nach und nach aus den Ecken des Zimmers kamen.

"Halt, einen Moment", rief Sonja. " Ich möchte ganz genau verstehen woher diese Gnome gekommen sind". Der Film spulte noch einen Moment vor und zeigte plötzlich alle Situationen die geschehen waren, in denen Sonja sich nicht so gut fühlte, traurig, eifersüchtig, wütend und voller Hass war. Plötzlich sah sie etwas sehr interessantes: Jede dieser Emotionen hatte eine bestimmte Farbe- und rein zufällig waren es die Farben der dazugehörigen Gnome! Diese Farben entstanden in Sonjas Kopf und stauten sich alle in ihrem Körper. Sie sah jetzt, dass sie dies alles schon viel länger in sich herumtrug. Kurz vor dem Moment als die Gnome in ihrem Zimmer auftauchten, waren sie aus ihr heraus geplatzt, weil sie es nicht mehr aufhalten konnte. Sie war sozusagen voll und diese Gestalten waren in ihr herangewachsen und tauchten dann etwas später außerhalb von ihr auf. Sonja verstand jetzt, dass dies passiert ist weil sie diese Emotionen absolut nicht haben wollte. Sie mochte sich selbst nicht mit ihnen und sie hatte Angst gehabt damals, dass auch sonst niemand sie lieben wird damit.

Sie sah sich jetzt ihr gesamtes Leben an und begann diesen Menschen Sonja immer mehr zu lieben. Sie fühlte mit ihm und sah was er sich angetan hat sein Leben lang. Sie sah, dass diese Sonja sich von den Gnomen hat steuern und beeinflussen lassen. Sie sah, dass sie ihr gesamtes Potential beiseitegelegt hatte und auf der Jagd nach Dingen war, die sie nie finden würde, so lange sie diese nicht bei sich selbst fand. „Licht-Sonja" hatte dieses ganze Potential und wünschte sich so sehr, dass Sonja nie mehr solch einen Schmerz durchmachen musste. Sie sah aber auch wie wichtig dieser Schmerz war, denn Sonja ist dadurch unglaublich stark geworden und egal was ihr passiert, niemand wird diese Stärke jemals brechen können. Ihr war bewusst, dass sie genau diesen Weg gewählt hat um dorthin zu kommen wo sie jetzt war. Sie verstand, dass dies alles nötig war um nun ihr wahres Potential leben zu können, nämlich zu singen und diese Welt zu einem besseren Ort zu machen.

Plötzlich befand sich Sonja wieder auf dem Rücken des Drachen. Sie bedankte sich für diese unglaubliche Reise. "Merke dir gut was du dort gesehen hast. Diese Verbindung zu deinem wahren selbst kannst du immer wieder herstellen wenn du magst. du musst dich nur daran erinnern dass es das gibt-leider vergesst ihr Menschen das schnell wieder!" " Ich werde es nie wieder vergessen " versprach Sonja.

" Jetzt bring mich bitte wieder in mein Leben. ich weiß was zu tun ist. Ich weiß jetzt wieder wofür ich lebe, ich weiß was ich ändern muss und wovon ich mich besser trennen sollte. Ich möchte sofort damit anfangen und keine Zeit verschwenden"

" Langsam Mädchen. Immer einen Schritt nach dem Anderen. Hast du da nicht etwas Wichtiges vergessen?"

" Nicht das ich wüsste..."

" Was ist denn mit den Gnomen?", sagte der Drache.

" Na die können mir doch jetzt gar nichts mehr anhaben. ich lasse mir von denen nichts mehr sagen. "

" Liebe Sonja, du hast es leider immer noch nicht ganz verstanden. Was sind denn die Gnome? "

" Hmm...." Sonja dachte einige Zeit lang nach. Plötzlich wurde es ihr klar. " Die sind meine Emotionen die sich verselbstständigt haben."

" Und warum haben sie sich verselbstständigt? "

" Na... weil ich sie nicht haben wollte.....Moment!!!! Ich hab's!!! Ich glaube es gibt etwas für mich zu tun. Können wir bitte wieder nach Hause fliegen? "

Innerhalb weniger Sekunden waren die Beiden wieder angekommen.

" Soll ich dir helfen?", fragte der Drache.

" Nein, ist schon gut", sagte Sonja, " das muss ich jetzt alleine tun."

Sie umarmte und küsste ihren Drachen und wusste dass er immer für sie da sein wird wenn sie etwas braucht.

Sie stieg durch ihren Balkon wieder in ihre Wohnung und sah 4 traurige Gestalten in jeder Ecke des Zimmers sitzen. Ihre Gnome hatten noch nie Zeit ohne Sonja verbracht und sie waren extrem kraftlos und schwach. Sonja lief in die erste Ecke und sah den blauen, hässlichen Gnom mit den fettigen Haaren und dem pickeligen Gesicht. Er sah sie hoffnungsvoll an.

Sonja breitete ihre Arme aus und lief auf ihn zu. Er stand auf, breitete auch seine Arme aus und die zwei umarmten sich innig. Anfangs fühlte sich das Ganze ein bisschen eklig an, war er doch wirklich hässlich und dreckig- doch dann, nach einer Weile, wurde sein blau immer klarer. Seine Pickel verschwanden und er wurde zu einem wunderschönen blauen Licht. Dieses Licht verschmolz plötzlich mit Sonja und Sonja fühlte sich als ob sie Bäume ausreißen könnte. Sie spürte, dass dies der Grund dafür gewesen ist, dass sie nie richtig hat lieben können. Die Eifersucht hatte dafür gesorgt dass sie geliebt werden wollte. Auf diese Weise hat sie nie das bekommen können was sie eigentlich wollte, da alle ihre Beziehungen eigentlich auf purem Egoismus aufgebaut waren. Sie wollte von Anderen geliebt werden und war gar nicht dazu fähig unbefangen zu lieben.

Sie lief in die nächste Ecke ihres Zimmers. Grüner Schleim kam ihr bereits in einer riesigen Lache entgegengekrochen. Der alte Gnom sah sie böse an mit seinem faltigen Gesicht und den Fusseln auf seinem kahlen Kopf. Sonja hatte etwas Angst vor ihm und wich etwas zurück als er sie anfauchte. Sie schloss kurz ihre Augen, erinnerte sich und sagte zu ihm:" Es tut mir schrecklich leid. Du bist ein Teil von mir und ich habe dich nie haben wollen. Bitte verzeih mir und komm zurück zu mir." Dem grünen Hassgnom lief eine Träne die Wange herunter. Er wollte gar nicht solch einen Überlebenskampf gegen Sonja führen. Alles was er wirklich wollte war, dass er wieder nach Hause konnte. Er lief auf Sonja zu und grüner Schleim klatschte auf Sonjas Körper. Nach kurzem Ekel verwandelte dieser sich in wunderschönes Licht und Sonja spürte wie ihr Hals und ihr Magen, welche in den letzten Jahren sehr oft krank gewesen sind, plötzlich vollkommen erneuert wurden.

Frohen Mutes lief sie in die hell erleuchtete Ecke. Eine riesige, lodernde Flamme erwartete sie dort. Je näher sie ihr kam, desto heißer und heller wurde sie. "Bleib bloß weg!!!", schrie die Flamme. "Ich bin nicht so blöd wie die anderen beiden. Erst schmeißt du uns in diese Welt und dann möchtest du uns noch nicht mal bei dir haben. Sogar vergessen hast du uns. ich werde dir das niemals verzeihen" Sonja verstand die Wut und das was sie sagte machte sehr viel Sinn. Sie bemerkte wie sie wütend auf sich selbst wurde, dass sie sich so verhalten hat. Sie schloss die Augen und öffnete innerlich ihre Arme für die Wut. die sie auf sich selbst hatte. Plötzlich merkte sie, wie es immer heißer wurde auf ihrer Haut. Sie öffnete die Augen und sah, dass der orangene Gnom ganz nah an sie herangetreten war. Sie nahm den letzten Schritt in seine Flamme hinein und eine Sekunde lang dachte sie, dass sie verbrennen würde weil es so heiß war und so weh tat. Dann blieb nur noch eine angenehme Wärme übrig und Sonja bemerkte, dass sie sich, zumindest in diesem Leben hier, noch nie wirklich selbst geliebt hatte. Jetzt hatte sie das erste Mal das Gefühl, dass sie ein bewundernswerter und einzigartiger Mensch war

Ein lautes Schluchzen wartete auf sie in Ecke Nummer vier. Als sie dies hörte, musste sie sofort mitschluchzen. Sie setzte sich neben das gelbe Häufchen Elend. Als sie ihn so ansah, wurde ihr klar wieso sie nichts mehr essen konnte wenn sie depressiv war. Dieser Gnom spiegelte ihr exakt ihr depressives ich wieder. Es wollte einfach nicht da sein und in Ruhe in sich versinken. Als die Beiden sich umarmten versanken sie in ein großes Geweine und Geheule. Sie rangen beide um Luft und es dauerte bestimmt eine halbe Stunde. " Weißt du eigentlich dass ich derjenige bin den du am Allerwenigsten haben wolltest?", sagte der Gnom.

" Ja, und es tut mir unglaublich leid" schluchzte Sonja.

Während sie sich umarmten, hatten Beide das Gefühl von unglaublichem Verständnis füreinander. Es fühlte sich für Sonja an als ob sie ihren allerbesten Freund umarmt. Während er sich langsam zu einem hellen glitzernden Licht wandelte, spürte sie, dass ihr ganzes Leben nun eine enorme Wandlung durchlaufen würde. Sie merkte, dass sie ihre gesamte Lebensenergie bisher dafür geopfert hatte diese Trauer nicht fühlen zu müssen und jetzt wo sie es endlich getan hatte, war es das Befreiendste, was sie jemals in ihrem Leben erlebt hatte.

Sie stand nun in ihrem Zimmer und wusste ganz genau was es zu tun galt. Sie war sich vollkommen bewusst, dass sie nun Einiges zu tun hatte. Sie begann aufzuräumen. Sie trennte sich von ihrer Beziehung, sprach mit ihren Verwandten und erklärte ihnen was sie benötigte und war das allererste Mal wirklich ehrlich zu den Menschen. Diese Dinge fielen ihr äußerst schwer und waren mit vielen Schwierigkeiten verbunden. Nachdem sie auch von alten Freunden Abschied genommen hatte, fühlte sie sich ziemlich einsam. Jetzt wusste sie allerdings endlich was sie tun musste, wenn ihr so etwas passierte. Sie musste einfach ehrlich sein und die Gefühle die sie hatte sofort erkennen und umarmen. Natürlich geschah es ab und zu noch dass sie manchmal sehr verzweifelt war, immerhin hatte sie einen langen Weg vor sich, da sie einen Riesenhaufen an Arbeit in allen Bereichen ihres Lebens angestaut hatte, doch wenn es mal wirklich nicht mehr ging rief sie einfach ihren Drachen, welcher sie daran erinnerte dass sie jederzeit wieder zurückkehren konnte zu ihrem wahren Selbst. Wenn sie dies tat, konnte sie die Welt sehen wie sie wirklich ist, beziehungsweise so, wie ihr wahres Selbst sie sah. Sie begriff dass es da noch viel mehr zu entdecken gab und war gespannt was da noch alles versteckt war, wo sie bisher noch nicht hingesehen hatte. Sie sah zum Beispiel, dass jeder Gnom den sie wieder in sich aufgenommen hatte , bei all den Menschen die sie in ihrem Leben getroffen hatte dafür sorgte, dass deren Gnome an Kraft verloren und weniger Probleme für die Personen verursachten. Selbst den Menschen mit denen sie nun keinen Kontakt mehr hatte oder diejenigen die sogar böse auf sie waren, hatte sie geholfen auf ihrem Lebensweg ein enormes Stück weiter zu kommen.

Sonja fing an ihre Scherben aufzuräumen und ist bis heute noch damit beschäftigt. Sie ist mittlerweile zu einer tollen, reifen Frau herangereift, welche ein extrem hohes Maß an Selbstwert hat und sich nicht mehr mit Menschen umgibt die sie herunterziehen. Sie zaubert ihren Mitmenschen ein Lächeln ins Gesicht und als Sängerin füllt sie ganze Konzertsäle. Mit ihrer Lebensgeschichte und ihren Erfahrungen hilft sie Menschen in Not. Sie hat nun so viel Energie, dass sie diese nicht mehr nur für sich verwendet, sondern schaut wie sie ihr Umfeld und ihre Umwelt verbessern kann. Sie setzt sich dafür ein dass die Menschen und Tiere wieder leben können, so wie es ursprünglich gedacht war und diese unglaubliche Vision gibt ihr die Kraft um mit jeder Lebenssituation, wie schwierig sie auch sein mag, umgehen zu können.

Ihre Rebecca Wiergowski

Comida para Todos

Für viele Bedürftige auf Mallorca wird ein Märchen wahr.

Bild: Das Organisationsteam Comida para Todos Lions Palma de Mallorca (v.l.n.r. Marco, Dagmar, Wolfgang, Claudia, Heri, Klaus)

Der Lions Club Palma ist eine ehrenamtliche Interessensgemeinschaft, die sich zum Ziel gesetzt hat, sozial schwachen Menschen zu helfen. Im Zuge dessen wurde vor über zwölf Jahren das Sozialprojekt „Comida para todos" (Essen für Alle) ins Leben gerufen. Das Projekt des Lionsclub Palma basiert auf der Idee, Menschen mit den Grundnahrungsmitteln zu versorgen. Dabei spielt es absolut keine Rolle, wie diese Menschen in die missliche Lage geraten sind, sich nicht aus eigenen Kräften zu ernähren. Daher auch der Name des Projekts „Comida para todos", was auf Deutsch nichts anderes bedeutet als „Essen für alle".

Diese Hilfsaktion zu Gunsten hungerleidender Menschen auf Mallorca ist eine absolute Herzensangelegenheit. Aktuelle Monatsberichte zu dem Projekt skizzieren Fortschritte und Erfolge.

Hungernde Menschen sind kein akzeptabler Zustand – es kann nicht nur, es MUSS geholfen. In Zusammenarbeit mit dem Discounter LIDL werden durch eigene Fahrer täglich die LIDL-Filialen der Insel angefahren und dort bereitgestelltes Obst und Gemüse abgeholt. Dieses wird dann zu verschiedenen Tafeln auf der Insel gebracht.

Um dies zu gewährleisten, wurden zwei 3,5-Tonnen-Kühltransporter gemietet, welche vom befreundeten Lions Club Calvia bezuschusst werden. Die Kosten für Lohn, Sozialabgaben und Benzin generiert der Lions Club durch Sponsoren und Spendenaufrufe. Die Mitglieder des Clubs arbeiten ehrenamtlich, so dass jeder Euro auch bei den sozial Schwachen, respektive dem Projekt ankommt. Täglich sammelt der Lions Club ungefähr 1,5 Tonnen an Obst und Gemüse, welches von den Tafeln Zaqueo, Can Gaza, Mallorca Sense Fam, SOS Mamas, Templarios Palma und Muro, Tardor und HOPE Mallorca verarbeitet und an die hilfesuchenden Menschen ausgegeben wird. Um dies zu bewerkstelligen, fahren zwei Kühltransporter gesamt 290 Kilometer pro Tag, auch samstags. Hierdurch wird gewährleistet, dass durch diese Aktion die wichtige Vitaminversorgung von Kindern und Bedürftigen sichergestellt wird. Da die Menge oft nicht reicht, werden noch Artikel des täglichen Bedarfs und Hygieneartikel hinzugekauft. Um die Finanzierung dieses Hilfsprojektes sicherzustellen, ist der Lions Club Palma de Mallorca auf Ihre Hilfe angewiesen. Die Projektkosten belaufen sich monatlich auf ca. 8.100,00 Euro (zwei festangestellte Fahrer plus zwei Kühltransporter, Benzin, usw.).

Bild: Dieses Bild entstand bei Mallorca Sense Fam während der Aktion „Lions gibt Gas", bei der wir vielen Familien auf der Insel einen Zuschuss zur Gas- und Stromrechnung übergeben haben, da diese Kosten enorm gestiegen waren. Der Trend setzt sich ja leider explosionsartig fort.

Bild vorherige Seite: 18 Schulranzen im Wert von je a 250 Euro wurden vom Lions Club Neuruppin gespendet. Der Lions Club Palma durfte die Schulranzen an bedürftige Kinder in Llucmajor und Porreres übergeben.

Mit dem Kauf dieses Buches:

Aschenputtel (ver)trägt Business
Das Märchenbuch, um Chancen zu ergreifen!

steuern Sie **2 Euro** für das Projekt „Comida para todos" bei.

Ihr Beitrag hilft vielen armen Menschen auf Mallorca, denn diese Hilfe macht ihnen Mut und bringt vielen einen positiven Wendepunkt in ihrem Leben. Vielleicht sind Sie damit für viele Menschen eine gute Fee.

Mehr Informationen auf:
https://lionsclubpalma.com

Märchen 4 – Ihre Geschichte wartet!

Bild Peter Buchenau (Fotograf: Mario Schmitt)

„Wer schreibt, der bleibt im Gedächtnis der Menschen!"
(Peter Buchenau)

Auch ich hatte mehrere bewegende Ereignisse in meinem Leben. Eine meiner Geschichten können Sie in Band 1 „Märchen für Macher", erschienen 2020 im Midas Verlag Zürich, nachlesen. In meinem Märchen – Paul und die fremdbestimmte Jagt nach Anerkennung – welches auf dem Märchen „Die Geister, die ich rief" basiert, verarbeitete ich den Tod eines guten Freundes. Schreiben befreit. Ist eine Geschichte erst einmal geschrieben, dann ist diese gewissermaßen geparkt.

Das Ereignis ist nicht mehr permanent im Kopf präsent, es steht im Buchregal und ich kann, wenn ich das Bedürfnis dazu habe, das Buch aus dem Regal nehmen und darin lesen.

Dieses Ereignis oder die Handlung, welches zu diesem Märchen führte, hat mein Leben verändert. Vom harten unnahbaren Top Manager in einem US-Konzern hin zum unterhaltsamen Komiker auf Deutschlands Theaterbühnen.

Heute mache ich, was mein Herz mir sagt. Ich begleite Menschen bei der Umsetzung Ihres Weges, damit diese Menschen nachhaltige Spuren hinterlassen. Spuren, an die man sich noch lange erinnern wird. In über 50 Büchern und unzähligen Keynote-Vorträgen gebe ich Menschen mit einfachen und schnell nachvollziehbaren Praxisbeispielen Hilfestellung, wie ein Lebenswendepunkt positiv gelingen kann. Wichtig dabei ist, dass ernste und kritische Sachverhalte so unterhaltsam und kabarettistisch präsentiert werden, dass die Highlights und Pointen zum Erlebnis werden.

Oft beginnt ein Lebenswendepunkt mit Schreiben. Denn wer schreibt, der bleibt! Ist erst eine Geschichte niedergeschrieben und somit visualisiert, beginnt der Wendepunkt oft von selbst. Sie müssen es nur wollen und zulassen. Als Autoren-Scout und Literaturagent habe ich auf diesem Wege schon über 200 Autorinnen und Autoren zum eigenen Buch verhelfen können. Wann starten Sie Ihr neues Leben und tun das, was Ihr Herz Ihnen sagt?

Hatten Sie auch ein Ereignis oder ein Erlebnis in Ihrem Leben, welches Ihr Leben verändert hat? Möchten Sie andere Menschen an Ihrem Leben teilhaben lassen und den Lesern mitteilen, was Ihr Ratschlag ist?

Haben Sie Lust zu schreiben, eventuell sogar Autor zu werden?

Vielleicht dürfen wir Ihre Geschichte in Band 4 veröffentlichen und vielen Menschen helfen, ein vielleicht anderes, vielleicht glücklicheres und zufriedeneres Leben zu beginnen.

Einfach eine kurze Email an autor@peterbuchenau.ch mit der Überschrift „Märchen 4" schreiben und wir nehmen Kontakt mit Ihnen auf. Wir freuen uns auf Ihre Geschichte.

Weitere Literatur gefällig?

Auf den nachfolgenden Seiten empfehlen die Autoren Bücher.

Betrachten Sie bitte diese Unterstützungsleistungen wertefrei.

Buchempfehlung

Autor:
Peter Buchenau

Herausgeber: Metropolitan; 1. Edition (6. März 2018)

Sprache: Deutsch

Taschenbuch: 204 Seiten

ISBN-10: 3961860122

ISBN-13: 978-3961860128

UVE: 14.95

Von Kindesbeinen an folgen wir anderen – Eltern, Lehrern, Freunden, Partnern, Vorgesetzten. Sie geben die Richtung vor und weisen uns den Weg. So wird daraus allzu oft ein Trampelpfad, auf dem sich unsere eigene Spur verliert – und mit ihr unsere Träume und Wünsche. Doch es ist nie zu spät, abzubiegen und seine eigenen Ziele zu verfolgen. Erfolgsautor Peter Buchenau stellt viele inspirierende Geschichten von Menschen vor, die eingetretene Pfade verlassen haben und dadurch erfolgreich, glücklich und zufrieden geworden sind. Er ermutigt uns, auf unser Herz zu hören, unserer Spur zu folgen und uns auf den Weg zu einer authentischen Persönlichkeit zu machen. Peter Buchenau zeigt, wie es Ihnen gelingt, Ihren selbstbestimmten Lebensweg zu finden und ihn tatsächlich zu beschreiten. Es geht in diesem Buch um die Spuren, die wir als Persönlichkeit hinterlassen und an die man sich erinnern wird, um Ziele, die über das eigene Ich hinausreichen. Dieses Buch wird Sie auf großartige Gedanken bringen und neue Ambitionen wecken.

https://peterbuchenau.de

Buchempfehlung

Herausgeber:
Peter Buchenau

Verlag: tredition;
1. Edition (8. Juli 2021)

Sprache: Deutsch

Taschenbuch: 236 Seiten

ISBN-10: 3347344618

ISBN-13: 978-3347344617

UVE: 14.90

13 autobiografischen, inspirierenden Geschichten von Menschen, die zum Teil alles verloren hatten, die tief gefallen waren, die Schmerz und Trauer erleiden mussten. Und die es nicht nur geschafft haben, ihre persönliche eingefahrene Lebenssituation zu akzeptieren, zu überstehen, zu verändern. Sondern auch einen völlig anderen neuen Weg eingeschlagen haben. Erleben Sie was Kathrin Berner, Thorsten Gallena, Mariella Heyd, Tamara Lachner, Daniela Landgraf, Stefanie Lehmann, Carsten Lexa, Margit Lieverz, Hendrik Martz, Alexander Plath, Andrea Ritter, Claudia Strobl-Traninger und Mareke Wieben widerfahren ist und wie es ihnen gelungen ist, ihre Niederlagen und Rückschläge nicht nur zu überwinden sondern in Kräfte und Ressourcen für ein besseres Leben zu verwandeln. Dieses Buch ist ein Mutmacherbuch für alle Menschen, die in irgendeiner Weise weiße unzufrieden, unglücklich oder verzweifelt sind. Wenn die Autoren dieses Buches es geschafft haben, schwierigen Situationen zu überwinden, dann können Sie es auch.

Buchempfehlung

Herausgeber:
Peter Buchenau / Wilma Elles

Verlag: The Right Way GmbH; 1. Edition (1. Mai 2022)

Sprache: Deutsch

Taschenbuch: xxx Seiten

ISBN-10: 3347344618

ISBN-13: 978-3347344617

UVE: 14.90

Sie erleben in diesem Buch die zwölf autobiografischen, inspirierenden Geschichten von Menschen, die ihre Chance zur Veränderung genutzt haben. Auch wenn der Weg oft nicht einfach war, haben sie es geschafft, ihre eingefahrene persönliche Lebenssituation erst zu akzeptieren, dann zu überstehen und schlussendlich sogar positiv zu verändern. Erleben Sie, was Charlotte de Brabandt, Wilma Elles, Ulrich Esenwein, Nadine Leßmeister, Marie Matthäus, Sabine Quaritsch, André M. Richter, Verena Strass, Doris Tauber, Heike Thissen, Carmen Uth und Alexander Roger Wolf widerfahren ist und wie es ihnen gelungen ist, ihre Lebenswendepunkte positiv umzusetzen. Dieses Buch ist ein Mutmacherbuch für alle Menschen, die in irgendeiner Weise unzufrieden, unglücklich oder verzweifelt sind. Wenn die Autoren dieses Buches es geschafft haben, schwierige, teils ausweglose Situationen zu überwinden, dann können Sie es auch. Dieses Buch ist Ihre wertvolle Chance auf Veränderung. Nutzen Sie sie! Mit dem Kauf dieses Buches unterstützen Sie mit 2 Euro das Hilfsprojekt „Comida para todos" (Essen für Alle).

Buchempfehlung

Herausgeber: Peter Buchenau

Verlag: Midas, Zürich
1. Edition (1. Januar 2020)

Sprache: Deutsch

Taschenbuch: 208 Seiten

ISBN-13: 978-3-03876-532-5

UVE: 22.00

Vom Autor der Comedy-Kabarett-Show "Männerschnupfen". Märchen sind beliebt und Märchen sind zeitlos und am Ende gibt es immer ein Happy-End. Wir alle können uns an bestimmte Märchen aus der Kinderzeit erinnern, und jeder hat seine persönlichen Favoriten.

15 Autorinnen und Autoren haben sich ihr Lieblingsmärchen ausgesucht, und füllen es mit einem neuen und zeitgemäßen Thema oder einem Tipp für die moderne Welt. Jede Geschichte enthält eine Botschaft, die der Leser, egal ob Führungskraft, Angestellter oder Freiberufler, für sich beruflich und privat nutzen kann. Jeder Tipp ist unterhaltsam und humorvoll in einer Geschichte verpackt.

Buchempfehlung

Autor: Daniela Landgraf

Verlag: Haufe-Lexware; 1. Auflage 2021 (18. Februar 2021)

Sprache: Deutsch

Taschenbuch: 128 Seiten

ISBN-13: 978-3648147825

UVE: 9.95

Fühlen Sie sich von innen heraus stark? Eher nicht? Die gute Nachricht: Mentale Stärke lässt sich lernen, denn sie kann wachsen und reifen. Das gelingt mit ein wenig Reflexion und den richtigen Übungen und Techniken. Alles was dazu nötig ist, hat die Autorin in diesem TaschenGuide zusammengefasst. Lesen Sie, welche Essenzen es für mentale Stärke braucht, die wir alle in uns tragen. Wir müssen sie uns nur bewusst machen.

Inhalte:

- 4 wichtige Faktoren: Bewusstsein, Akzeptanz, Vertrauen und Freiheit
- Booster-Übungen zum Aufbau mentaler Stärke
- Mit Leitsätzen für den Weg zur mentalen Stärke

Buchempfehlung

Max Cooper

Geschichten
paradoxer Welten

Kurzgeschichten

Autor:
Max Cooper

Herausgeber: BoD ; 1. Edition (23. November 2020)

Sprache : Deutsch

Taschenbuch : 204 Seiten

ISBN-10 : 3752671416

ISBN-13 : 978-3752671414

UVE: 8.99

Kurzgeschichten:

Dystopisch (2084) Unheimlich (Black Eyes / Die Jolle / Verschwörung) Gemein (Dienstreise / Ein Wintermorgen / Die Party) Humorvoll (Hund-Mensch, Mensch-Hund) Liebevoll (Der Hund und der Fährmann)

Buchempfehlung

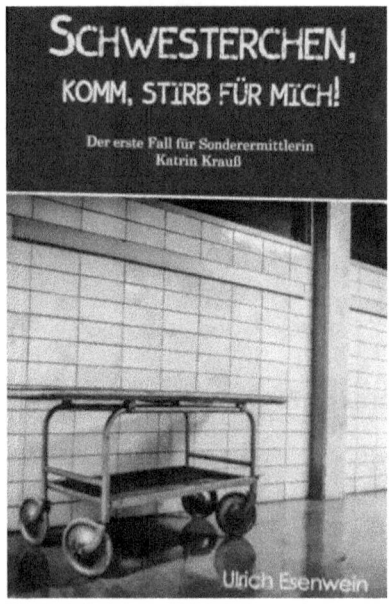

Autor:
Ulrich Esenwein

Herausgeber:
Westarp BookOnDemand; 1., Edition (12. Oktober 2016)

Sprache : Deutsch

Taschenbuch : 65 Seiten

ISBN-10 : 3864605474

ISBN-13 : 978-386460547

UVE: 12.80

Ulrich Esenwein war bis zu einer im Oktober 2014 durch eine Herz-OP hervorgerufenen schweren Erkrankung nahezu 25 Jahre, zuletzt als Ministerialrat, in zentraler Funktion für die Staatskanzlei Baden-Württemberg tätig und steht kurz vor seiner Pensionierung. Dieses Buch ist ein Versuch der Aufarbeitung seiner Krankheit, die ihn mitten aus einem aktiveren Leben riss. Er lebt glücklich verheiratet mit einer Kunstlehrerin im Enzkreis.

Buchempfehlung

Autor:
Mariella Heyd

Verlag:
Springer; 1. Aufl. 2022 Edition (2. Februar 2022)

Sprache : Deutsch

Taschenbuch : 300 Seiten

ISBN-10 : 3658348348

ISBN-13 : 978-36583483428

UVE: 24.99

Die Heldin in uns ist wie ein zweiter Vorname. Häufig existiert einer, er wird jedoch nicht genutzt. In Ihnen steckt eine Heldin, eine Göttin, eine Kriegerin und so viel mehr. Diese schlafenden Ur-Kräfte können Sie jederzeit aktivieren und für Ihren privaten sowie beruflichen Erfolg nutzen. Dieser Ratgeber setzt inhaltlich und methodisch vor allen anderen Werken seines Genres an: Am Beispiel weiblicher Archetypen und zahlreicher Alltagssituationen werden die in uns unbewusst angelegten Schemata dargelegt, umgepolt sowie im Verlauf aufgelöst und hierdurch auch die Gründe, welche uns immer wieder aufs Neue scheitern lassen. Grundsätzlich ist in allen Frauen bereits ein individueller Erfolgsfaktor angelegt, welcher mithilfe dieses Buches von hinderlichen Denk- und Verhaltensweisen befreit wird, sodass die positiven Persönlichkeitsanteile und Erfolgsarchetypen in Erscheinung treten können. Werden Sie zur Heldin Ihres Lebens, indem Sie sich Ihren Schwächen stellen und diese nach dem Vorbild weiblicher Archetypen in Stärken transformieren, um Ihre inneren und äußeren Antagonisten auf Ihrer Heldinnenreise durch bewusste Integration zu besiegen. Lassen Sie endlich los, was Sie unglücklich macht.

Buchempfehlung

Autor:
Margit Susan Lieverz

Verlag:
BoD – Books on Demand; 1. Edition (11. Februar 2022)

Sprache: Deutsch Taschenbuch
184 Seiten

ISBN-10 : 3 75574841X

ISBN-13 : 978-3755748410

UVE: 18:00

Erfolgreich wie ein Profi durch souveränes Auftreten. Seien Sie präsent, persönlich und überzeugen Sie! Das freie Sprechen vor Publikum ist für viele Menschen eine echte Herausforderung. Doch Vorträge, Präsentationen und Begrüßungsreden gehören heute im beruflichen und privaten Leben fast zur Tagesordnung. Schauspielerin und Moderatorin Margit Lieverz zeigt Ihnen in diesem Buch, wie Sie Sicherheit gewinnen, selbstbewusst auftreten und herausfinden, womit Sie sich persönlich wohlfühlen, denn eine einstudierte Rolle wird von Ihrem Gesprächspartner schnell durchschaut. Viele praktische Tipps zur authentischen Körperhaltung, Mimik, Gestik und auch zur richtigen Technik optimieren Ihren Umgang mit Kunden und Gästen auf professionelle Weise. Das Ergebnis: Sie selbst fühlen sich wohl, Ihre Kunden und Gäste fühlen sich wohl, und das, was Sie zu sagen haben, entfaltet seine volle Wirkung: Sie werden gesehen und gehört. Bühne frei! Mit vielen Extra-Tipps für erfolgreiche Moderationen!

MK-Productions, um neue Wege auszuprobieren!

In unserem Tonstudio erstellen wir mit professionellen Sprecher-/innen und auch mit Kindern die von erfahrenen Schauspieler-/innen gecoacht werden, Hörbücher und Hörspiele. Durch Kooperationspartner wie „Musical Youngstars" oder „Magdeburger Musical e. V." können wir soziale Projekte mit Kindern und Jugendlichen umsetzen. Außerdem arbeiten wir mit kreativen und professionellen Schauspielern-/innen zusammen und bieten eine Plattform für junge Regisseure-/innen, Autoren-/innen und Schauspieler-/innen die sich beweisen und kreativ ausprobieren wollen. Wir arbeiten mit Kindern und Jugendlichen und erstellen sowohl Hörbücher als auch Hörspiele mit Kindern. Wir bieten über Musical Youngstars Sprecherlehrgänge für Kids und Erwachsene an. Wir produzieren Theaterstücke und bieten gerade für junge Talente eine Bühne. Wir wollen die Zukunft in der Kultur fördern und voranbringen und binden wo immer wir können junge Talente in unsere Projekte mit ein.

https://mk-productions.eu

Eigene Kommentare, Träume und Wünsche

www.ingramcontent.com/pod-product-compliance
Lightning Source LLC
Chambersburg PA
CBHW052345220526
45465CB00003BA/968